クイズでスポーツがうまくなる

知ってる？ ミニバスケットボール

はじめに

さっそく上級《じょうきゅう》クイズです！

みんなはどうやったらバスケットボールがうまくなると思《おも》いますか？　安心《あんしん》してください。これは問題《もんだい》ではありません。その方法《ほうほう》にはいろいろあるのですが、とても大事《だいじ》なことの一《ひと》つは「自分《じぶん》で考《かんが》える」ということです。

まわりにいわれたことを、ただ「やらされている」だけではなかなかうまくなりません。どうしてそうなのか、自分《じぶん》で考《かんが》えたうえで練習《れんしゅう》することによって上達《じょうたつ》が早《はや》くなるのです。

そこでこのクイズ形式《けいしき》の本《ほん》で、「なんで？」と考《かんが》える習慣《しゅうかん》をつけましょう。出題《しゅつだい》されたクイズを自分《じぶん》で考《かんが》え、次《つぎ》のページの答《こた》えと合《あ》わせてみてください。考《かんが》えてみることで、答《こた》えの内容《ないよう》をよりはっきりと理解《りかい》できると思《おも》います。

さあ、さっそく上級《じょうきゅう》クイズを3つ出《だ》してみます。

Q1　私《わたし》たちは下《した》の言葉《ことば》を大事《だいじ》にして、指導《しどう》しています。□□にどんな漢字《かんじ》二文字《ふたもじ》が入《はい》るか考《かんが》えてみてください

自分《じぶん》がなりうる
□□の自分《じぶん》を目指《めざ》そう

Q2　自分《じぶん》がほしいところにパスが届《とど》かず、シュートがいつも通《どお》りに打《う》てませんでした。あなたにはこう考《かんが》えることを期待《きたい》します。下《した》の□に漢字《かんじ》一文字《ひともじ》を入《い》れてみてください

□のせいにしない

Q3　努力《どりょく》することはとても大切《たいせつ》です。でも、努力《どりょく》をいくら重《かさ》ねても勝《か》てないものがある、という言葉《ことば》があります。下《した》の□□に漢字《かんじ》二文字《ふたもじ》を入《い》れてみてください

努力《どりょく》は□□に勝《か》てない

答《こた》えは、「おわりに」（142ページ）に出《で》ています。
本《ほん》を読《よ》み進《すす》めながら、いろいろな言葉《ことば》を当《あ》てはめてみましょう！

この本《ほん》の使《つか》い方《かた》

ぼくが大切《たいせつ》なポイントを解説《かいせつ》するよ

この本《ほん》のキャラクター
ミニバスくん

この本《ほん》では、バスケットボールをするときに、みなさんが疑問《ぎもん》に思《おも》うことや、うまくなるためのコツ、そして豆知識《まめちしき》を、クイズ形式《けいしき》で紹介《しょうかい》していきます。

初級《しょきゅう》から上級《じょうきゅう》まで、問題《もんだい》のレベルが一目《ひとめ》でわかるようになっています。ぜひ、上級問題《じょうきゅうもんだい》にも答《こた》えられるように挑戦《ちょうせん》してみてください。

問題《もんだい》と答《こた》えのマークについて

問題《もんだい》
00
初級《しょきゅう》
上級《じょうきゅう》
中級《ちゅうきゅう》

クイズのマークです。
初級《しょきゅう》、中級《ちゅうきゅう》、上級《じょうきゅう》に分《わ》かれています

Level UP!
00の
レベルアップ
問題《もんだい》

応用《おうよう》クイズです。
少《すこ》し難《むずか》しくなっています

00の答《こた》え

クイズの解答《かいとう》です

Level UP!
00の答《こた》え
レベルアップ問題

応用《おうよう》クイズの解答《かいとう》です

そのほかのマークについて

ヒント
hint

［ヒント］

問題《もんだい》のヒントです。
問題《もんだい》が難《むずか》しいときは見《み》てください

？
なんで

［なんで？］

正解《せいかい》の理由《りゆう》、疑問《ぎもん》に思《おも》うポイントをくわしく解説《かいせつ》しています

PO!NT

［ポイント］

実際《じっさい》のプレーでいかせるワンポイントアドバイスです

トライ!

［トライ］

実際《じっさい》のプレーにいかすために、やってみてほしい練習《れんしゅう》です

［用語説明《ようごせつめい》］

バスケットボールの専門用語《せんもんようご》を解説《かいせつ》しています。用語《ようご》は140ページのさくいんでも調《しら》べられます

OK!

［OK］

動作《どうさ》やプレーのいい例《れい》です

NG!

［NG］

動作《どうさ》やプレーの悪《わる》い例《れい》です

もくじ

問題番号《もんだいばんごう》の上《うえ》にある
マークは、それぞれの問題が
どれだけ難《むずか》しいかを示《しめ》しています

初 …初級《しょきゅう》
中 …中級《ちゅうきゅう》
上 …上級《じょうきゅう》

はじめに …… 002
この本《ほん》の使《つか》い方《かた》 …… 003

第《だい》1章《しょう》 シュートを決《き》めるには？

「シュート」ってなんだ？ …… 008
初 Q01 簡単《かんたん》なシュート、難《むずか》しいシュートって？ …… 009
初 Q02・Q03 リングの高《たか》さと大《おお》きさって？ …… 011
初 Q04 レイアップシュートのジャンプの方向《ほうこう》は？ …… 013
中 Q05 入《はい》る確率《かくりつ》が高《たか》いシュートはどれ？ …… 015
中 Q06・Q07 シュートを決《き》めるうえで大事《だいじ》な二《ふた》つのことは？ …… 017
レベルアップ問題《もんだい》 このシュートフォーム、どこを直《なお》す？ …… 019
レベルアップ問題《もんだい》 きょり感《かん》を合《あ》わせるには？ …… 021
中 Q08 シュートを打《う》つときの腕《うで》のイメージは？ …… 023
レベルアップ問題《もんだい》 ボール目線《めせん》で考《かんが》えると？ …… 025
中 Q09 試合《しあい》でシュートを打《う》つイメージは？ …… 027
中 Q10 ワンハンドシュートを打《う》つときの利《き》き手《て》の形《かたち》って？ …… 029
上 Q11 横《よこ》や目《め》の前《まえ》にいるディフェンスにじゃまされずにシュートするには？ …… 031
レベルアップ問題《もんだい》 ギャロップステップって？ …… 033

第《だい》2章《しょう》 どうしてドリブルを使《つか》うの？

「ドリブル」ってなんだ？ …… 036

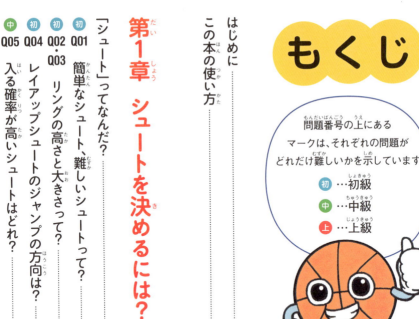

Q12 (初) 正しい姿勢はどれ？ …… 037

Q13 (初) ディフェンスをどっちの手で抜く？ …… 039

Q14 (初) ディフェンスをどこから抜く？ …… 041

Q15 (初) フロントチェンジの長所は？ …… 043

レベルアップ問題　フロントチェンジの短所は？ …… 045

Q16 (中) ロールターンの長所は？ …… 047

レベルアップ問題　ロールターンの短所は？ …… 049

Q17 (中) レッグスルーの長所は？ …… 051

レベルアップ問題　レッグスルーの短所は？ …… 053

Q18 (中) ビハインド・ザ・バックの長所は？ …… 055

レベルアップ問題　ビハインド・ザ・バックの短所は？ …… 057

Q19 (中) フロントチェンジをして ディフェンスがついてきたら？ …… 059

第3章　どうしてパスを使うの？

Q20 (初) 「パス」ってなんだ？ …… 062

とりやすい位置は？ …… 063

第4章　3つのプレーを上手に使うには？

Q21 (初) チェストパスの正しい姿勢は？ …… 065

Q22 (初) レベルアップ問題　質の高いパスはどれ？ …… 067

Q23 (中) パスを受ける姿勢は？ …… 069

レベルアップ問題　パスがそれたら？ …… 071

Q24 (上) ディフェンスがいるときのパスは？ …… 073

Q25 (上) パスを受ける位置は？ …… 077

動いている仲間にパスするときは？ …… 079

シュート、ドリブル、パス。スムーズにつなげるためには？ …… 082

Q26 (初) 正しいトリプルスレットの姿勢は？ …… 083

Q27 (初) 正しいドリブルの姿勢は？ …… 085

ドリブルを止めたあとはどうする？　レベルアップ問題　踏みだす方向は？ …… 087

Q28 (上) これ、なんという反則？① …… 089

Q29 (上) これ、なんという反則？② …… 091

第5章 ディフェンスの目的は何？

「ディフェンス」ってなんだ？ ……094

(初) Q30 正しいディフェンスの姿勢は？ ……095

(中) Q31 正しいディフェンスの動きは？① ……097

(中) Q32 正しいディフェンスの動きは？② ……099

(上) Q33 2人の相手に1人で対応するには？ ……103

(上) Q34 マークする選手がボールを持っていないときは？ ……105

(上) Q35 シュートを打たれた瞬間、どうする？ ……107

第6章 バスケットボール 物知りクイズ！

(上) Q36 コートの名前は？ ……110

(上) Q37 バスケの起源って？ ……113

(上) Q38・Q39・Q40 練習の効果をよりあげるためには？ ……115

(上) Q41 ファウルはどれ？ ……117

(上) Q42 こんなとき、どうすればいい？ ……119

(上) Q43・Q44・Q45 有名選手の身長って？ ……121

(上) Q46 『中国の竹の奇跡』って？ ……123

(上) Q47 これはどんな大会？ ……125

ふろく コーディネーション＆ボールハンドリングテスト

テスト① ●ボール体幹 ……128

テスト② ●カップリング ……130

テスト③ ●ボールのせ ……132

テスト④ ●たたきキャッチ ……133

テスト⑤ ●ボディサークル ……134

テスト⑥ ●開脚ドリブル ……136

テスト⑦ ●タップ ……138

第《だい》1章《しょう》

シュートを決《き》めるには？

「シュート」ってなんだ？

相手《あいて》よりも多《おお》くボールをゴールに入《い》れよう

相手《あいて》チームのゴール（リング）にボールを入《い》れて得点《とくてん》することを「シュート」といいます。バスケットボールはこのシュートで得《え》たポイント（得点《とくてん》）を競《きそ》うチームスポーツです。

では、どうすれば自分《じぶん》の背《せ》より高《たか》いところにあるゴールにボールを入《い》れられるのか、シュートの打《う》ち方《かた》から説明《せつめい》しましょう。

ワンハンドシュートのフォーム

▲右利《き》きの選手《せんしゅ》は、「右足《みぎあし》ー右《みぎ》ヒザー右《みぎ》の肩《かた》ー右《みぎ》ヒジー右《みぎ》手首《てくび》ー最後《さいご》にボールを手《て》ばなす指《ゆび》」をゴールに向《む》け、一《いっ》直線《ちょくせん》になるように構《かま》えます

▲そのまま、まっすぐボールをあげていきます

▲ボールがまっすぐ飛《と》ぶようにシュートを打《う》ち、打《う》ったあとの手《て》の形《かたち》を残《のこ》します

＊シュートにはこのほかに走《はし》りながらゴール近《ちか》くで打《う》つ「レイアップシュート」などがあります。

問題《もんだい》 01

初級《しょきゅう》

決《き》めるのがもっとも簡単《かんたん》なシュートと、もっとも難《むずか》しいシュートはどれですか?

\ヒント/ hint

バスケットボールは、相手《あいて》よりもゴールにたくさんシュートを決《き》めたほうが勝《か》つスポーツです。そのためには、できるだけ簡単《かんたん》なシュートで、確率《かくりつ》よく決《き》めることが大切《たいせつ》です。

1 ゴールから遠《とお》く、ディフェンス(相手《あいて》)がいない

相手《あいて》(ディフェンス)はシュートをさせないようにじゃましてくるよ

2 ゴールから近《ちか》く、ディフェンスがいる

3 ゴールから遠《とお》く、ディフェンスがいる

相手《あいて》をかわすのって大変《たいへん》かなぁ?

4 ゴールから近《ちか》く、ディフェンスがいない

01の答《こた》え

もっとも難《むずか》しいシュートは ▶ 3

ゴールから遠《とお》く、ディフェンスがいる

もっとも簡単《かんたん》なシュートは ▶ 4

ゴールから近《ちか》く、ディフェンスがいない

なんで

ゴールに近《ちか》いほうが決《き》まる確率《かくりつ》が高《たか》いから

ゴールから遠《とお》いところから決《き》めるより、ゴールに近《ちか》づいたほうがシュートを決《き》めるのは簡単《かんたん》です。それはボールの速度《そくど》が遅《おそ》くなり（くわしくは22ページで説明《せつめい》します）、リングに入《はい》りやすくなるからです。また、ディフェンスがいないほうが、じゃまされずに決《き》められます。試合《しあい》ではシュートが決《き》まる確率《かくりつ》が高《たか》い、4の状態《じょうたい》に持《も》ちこめるといいですね。

POINT

1と2、どっちが簡単《かんたん》？

1 遠《とお》くから決《き》める

2 ゴールの近《ちか》くで相手《あいて》をかわす

選手《せんしゅ》によって変《か》わってきますが、2をねらうチームが多《おお》いです。例《たと》えば、あなたが相手《あいて》のシュートをじゃましなければいけないとします。そのときに相手《あいて》の背《せ》が自分《じぶん》よりも高《たか》かったらどうでしょう？　手《て》をのばしてもその上《うえ》からシュートされてしまうとしたら？　……守《まも》りづらいですね。つまり、背《せ》が高《たか》い選手《せんしゅ》がいるチームは2を選《えら》んで、その選手《せんしゅ》にシュートを打《う》たせるといいということになります。もちろん、なかには「遠《とお》くからのシュートのほうが得意《とくい》！」というチームもあります。

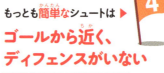

問題《もんだい》 02 初級《しょきゅう》

ミニバスで使《つか》うリングの高《たか》さは次《つぎ》のうちどれですか?

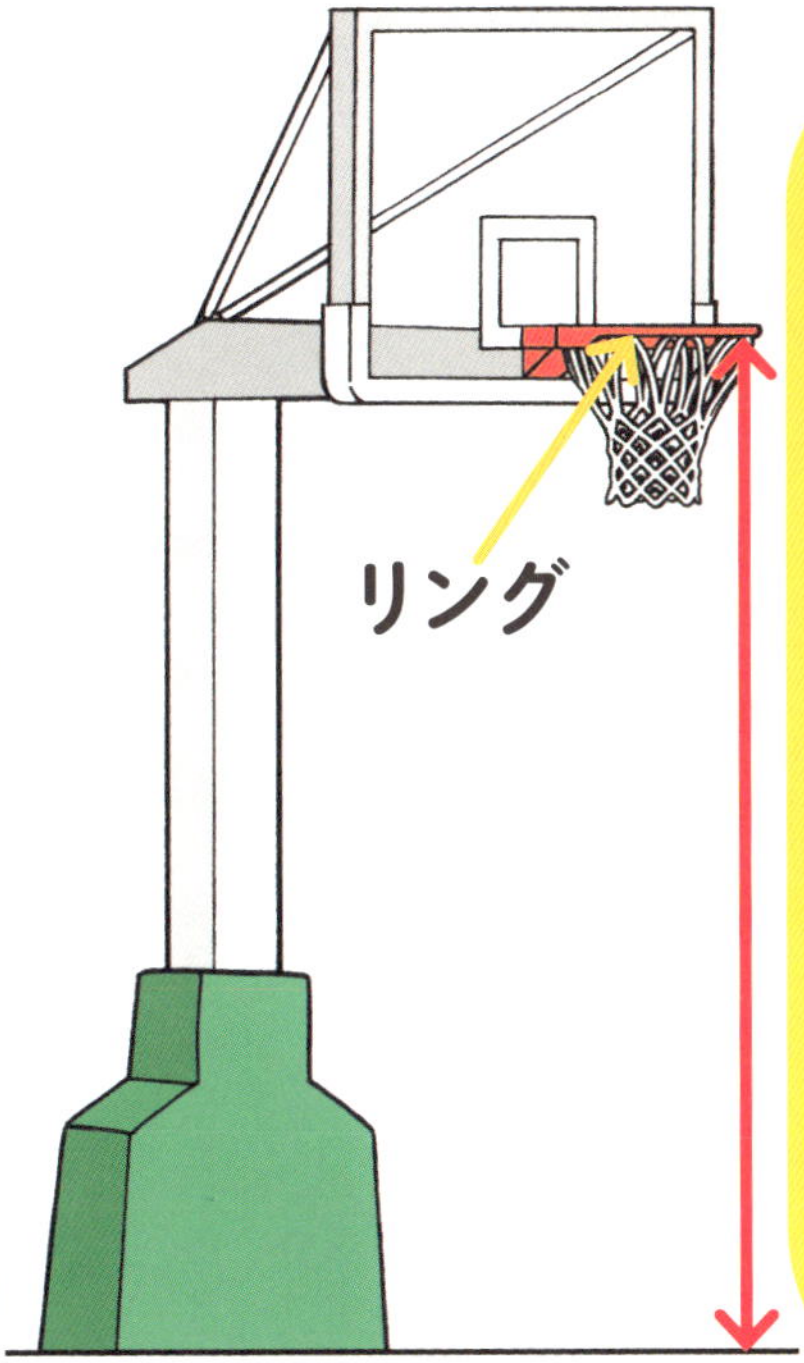

1. 2m5cm
2. 2m60cm
3. 3m5cm
4. 3m60cm

問題《もんだい》 03 初級《しょきゅう》

ミニバス用《よう》のボールとリングの大《おお》きさの正《ただ》しい関係《かんけい》はどれですか?

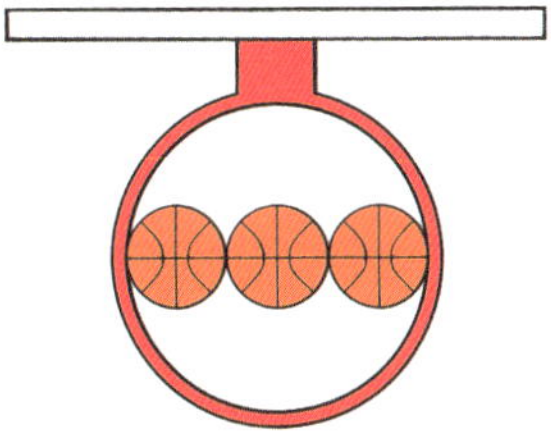

1. ボールが3つ入《はい》る

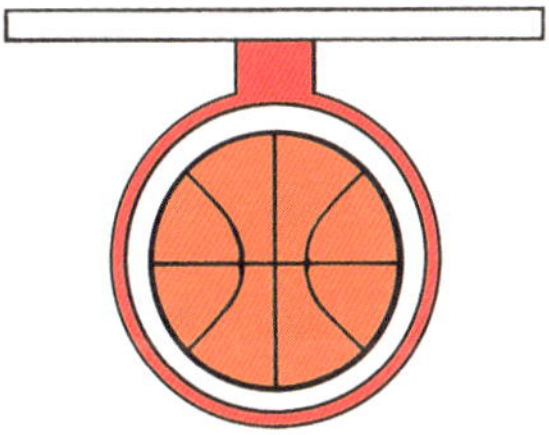

2. ボールが1つ入《はい》る

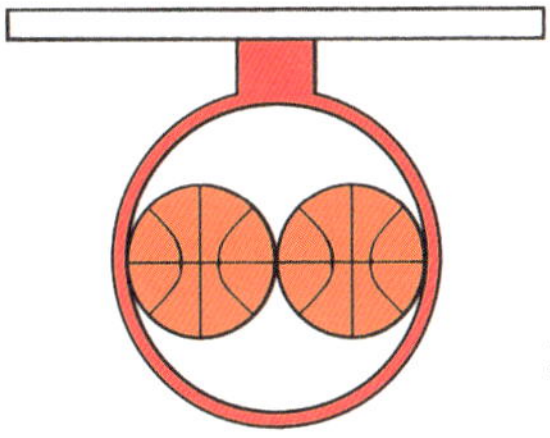

3. ボールが2つ入《はい》る

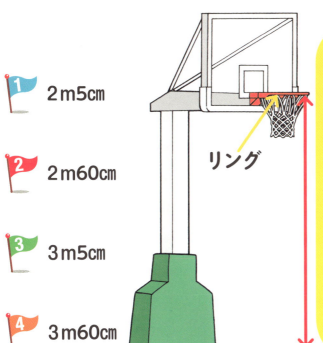

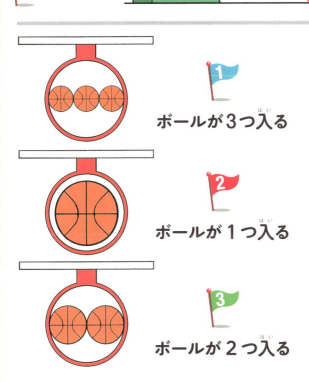

ミニバスでは5号球《ごうきゅう》を使《つか》うよ

02の答《こた》え ▶ 2　2m 60cm

なんで

シュートが入《はい》る楽《たの》しさを、より感《かん》じやすいように

中学生以上《ちゅうがくせいいじょう》は、3の「3m5㎝」ですが、バスケットボールの楽《たの》しさをより感《かん》じやすいように、ミニバスケットボールのリングは低《ひく》くなっています。ちなみにアメリカをはじめ海外《かいがい》では、小学生《しょうがくせい》も「3m5㎝（10フィート）」の高《たか》さで行《おこな》っている国《くに》もあるんですよ。

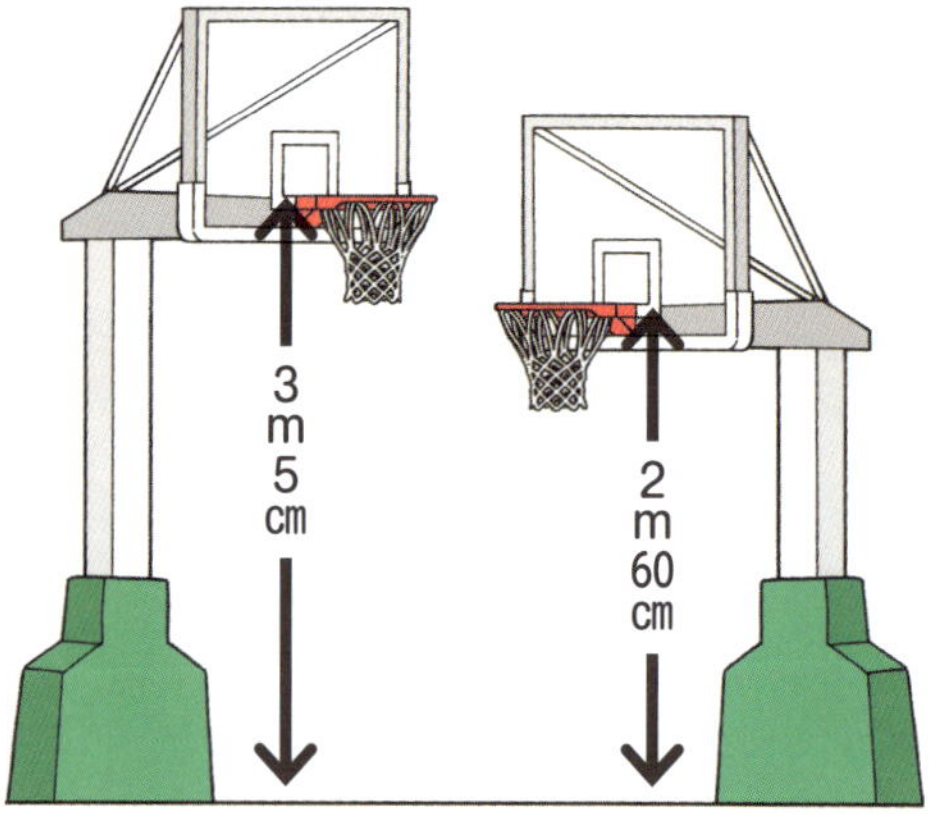

03の答《こた》え ▶ 3　リングにはボールが2つ入《はい》ります

POINT

真《ま》ん中《なか》に『すぽっ』と入《はい》るシュートを目指《めざ》そう

リングはシュートが簡単《かんたん》に入《はい》る大《おお》きさではありませんが、練習《れんしゅう》すれば入《はい》る大《おお》きさになっています。ちなみに平均的《へいきんてき》な小学生《しょうがくせい》の体《からだ》であれば、2人《ふたり》が入《はい》るくらいの大《おお》きさです。シュートをするときはリングにボールが当《あ》たらないように、リングの真《ま》ん中《なか》に『すぽっ』と入《い》れることを目指《めざ》しましょう。これを「スウィッシュシュート」といいます。

問題《もんだい》04

初級《しょきゅう》

レイアップシュートは最後《さいご》に片足《かたあし》で踏《ふ》みきってジャンプするのが基本《きほん》ですが、ジャンプする方向《ほうこう》はどれでしょうか？

1 真上《まうえ》に向《む》かって高《たか》くジャンプ

2 走《はし》っている勢《いきお》いをいかして前《まえ》にジャンプ

3 横《よこ》にジャンプしてゴールの正面《しょうめん》に入《はい》る

1
3
2

ゴールは目線《めせん》の先《さき》。
あと１歩《ぼ》ジャンプしたら
届《とど》きそう！

\ヒント/ hint

実際《じっさい》に３つの方法《ほうほう》でレイアップシュートを打《う》ってみるとわかるよ！　踏《ふ》みきる位置《いち》によって変《か》わってきますが、ここではゴール近《ちか》くで踏《ふ》みきる場合《ばあい》を考《かんが》えてください。

答《こた》えがわかったらページをめくってね

04の答《こた》え

▼ 1

真上《まうえ》に向《む》かって高《たか》くジャンプ

なんで

ボールをやさしくバックボードにぶつけるため

レイアップシュートのコツは、ボールをバックボードにそっとぶつけること。勢《いきお》いをつけて強《つよ》くシュートするよりも、やさしくシュートすることが大切《たいせつ》です。そのために、真上《まうえ》にジャンプするように心《こころ》がけましょう。高《たか》くジャンプできれば、よりリングの近《ちか》くからシュートできます。前《まえ》に進《すす》んでいるのに、さらに前《まえ》へとジャンプしようとすると、ゴールの下《した》を通《とお》りすぎるようなかっこうになってしまい、勢《いきお》いがつきすぎてしまうので注意《ちゅうい》してください。

▶ベースライン
ゴールの下《した》に引《ひ》いてある、コートの一番外側《いちばんそとがわ》のライン

▶バックボード
ゴールを取《と》りつけている板《いた》。ミニバスでは主《おも》に白《しろ》いものが使《つか》われる

PO!NT

ラインをこえると、ガケから落《お》ちる

勢《いきお》いあまってベースラインをこえると、ガケから落《お》ちてしまうような意識《いしき》を持《も》ちましょう。ちなみに、横《よこ》へのジャンプは、ディフェンスをかわすときに使《つか》う場合《ばあい》がありますが、とても難《むずか》しいテクニックです。横《よこ》にジャンプしながらのシュートより、1真上《まうえ》にジャンプするシュートのほうが確実《かくじつ》ですよ。

問題《もんだい》

05

中級《ちゅうきゅう》

次《つぎ》のシュートのうち、入《はい》る確率《かくりつ》が高《たか》いシュートはどれですか?

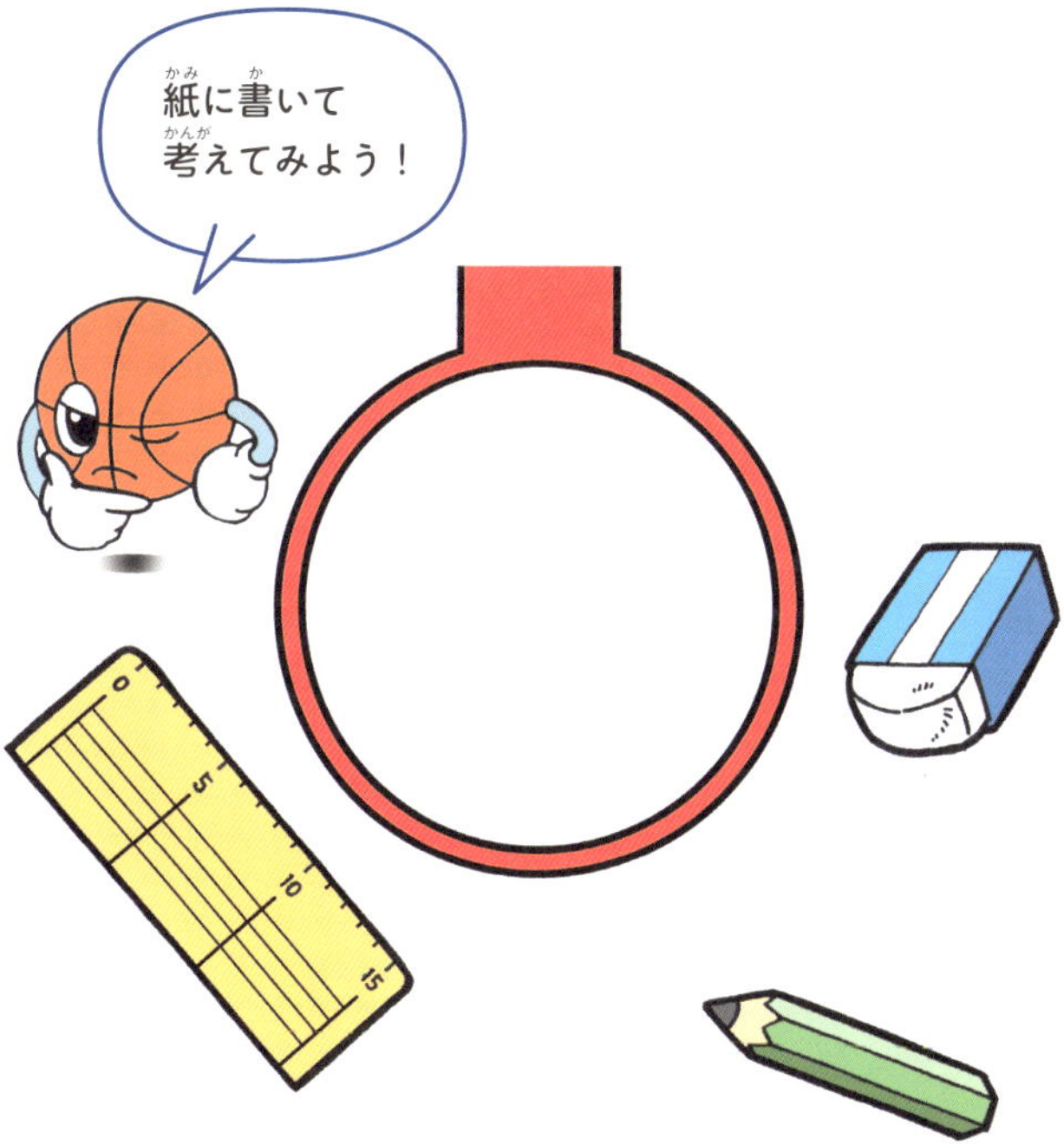

1 リングの真《ま》ん中《なか》より、
横《よこ》に16㎝
ずれたシュート

2 リングの真《ま》ん中《なか》より、
横《よこ》に8㎝、奥《おく》に8㎝
ずれたシュート

3 リングの真《ま》ん中《なか》より
手前《てまえ》に16㎝
ずれたシュート

\ヒント/
hint

この3本《ぼん》のシュートのうち、入《はい》る確率《かくりつ》がとても高《たか》いのは1本《ぼん》。入《はい》る確率《かくりつ》がとても低《ひく》いのが1本《ぼん》。そしてもう1本《ぼん》は、入《はい》るかどうかわからないシュートです。

05の答《こた》え

▼

リングの真《ま》ん中《なか》より、横《よこ》に8cm、奥《おく》に8cmずれたシュート

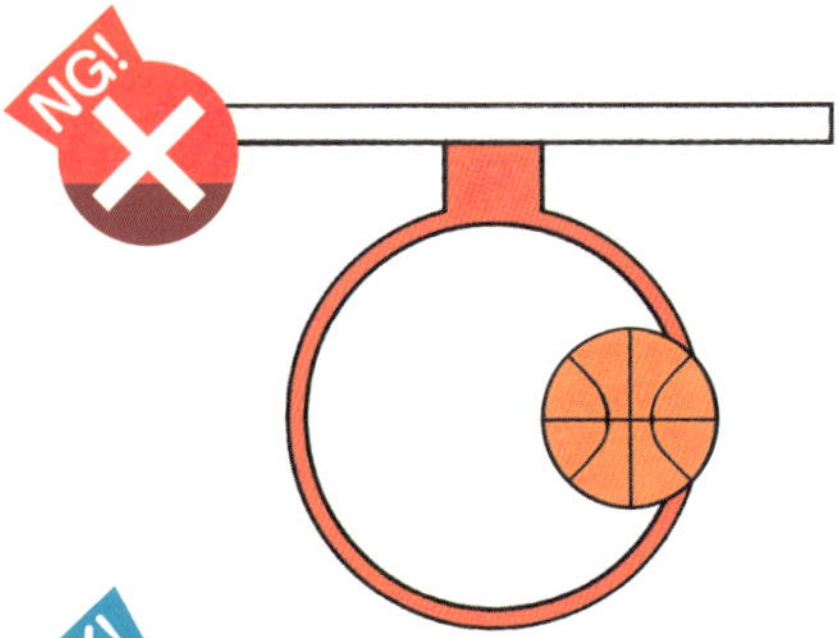

入《はい》る確率《かくりつ》が低《ひく》いのは

横《よこ》に16cmずれたとき

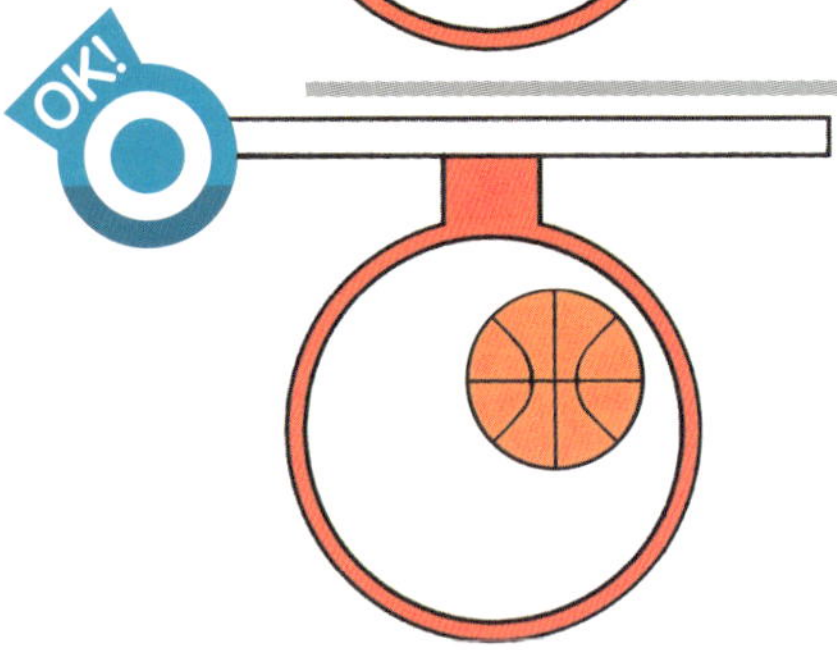

入《はい》る確率《かくりつ》が高《たか》いのは

横《よこ》に8cm奥《おく》に8cmずれたとき

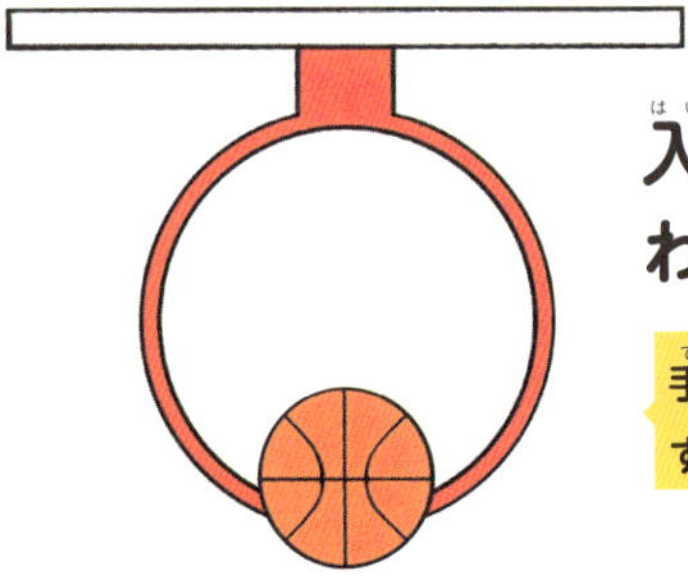

入《はい》るかどうかわからないのは

手前《てまえ》に16cmずれたとき

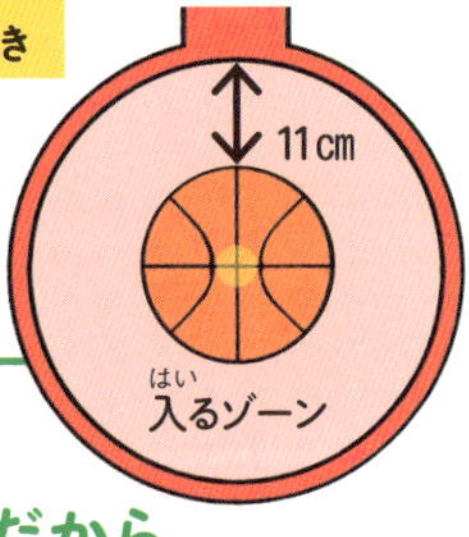

リングの直径《ちょっけい》は45cm、ボールの直径《ちょっけい》は約《やく》22cmだから

リングは直径《ちょっけい》45cm、ミニバス用《よう》のボールは直径約《ちょっけいやく》22cmです。リングにボールの中心《ちゅうしん》が入《はい》っていればシュートは決《き》まりますから、前後左右《ぜんごさゆう》、約《やく》11cmのずれであれば、シュートが決《き》まる計算《けいさん》になります。

ちなみに、3の「手前《てまえ》に16cmずれたシュート」はどうでしょうか。リングの上《うえ》にのるかっこうになりますが、ボールがバックボードに当《あ》たるなどして入《はい》る可能性《かのうせい》が高《たか》くなります。

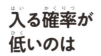

問題《もんだい》 06

中級《ちゅうきゅう》

□にひらがな四文字《よんもじ》を入《い》れてください

シュートを決《き》めるうえでもっとも大事《だいじ》なことは、□□□□打《う》つことだ！

\ヒント/ hint

簡単《かんたん》そうでけっこう難《むずか》しいんです。ゴルフやビリヤードなども、基《き》本《ほん》としては同《おな》じ言葉《ことば》が当《あ》てはまります。

問題《もんだい》 07

中級《ちゅうきゅう》

□にひらがな三文字《さんもじ》を入《い》れてください

シュートを決《き》めるうえで、□□□を合《あ》わせることも大事《だいじ》だ！

\ヒント/ hint

これもゴルフに当《あ》てはまりますね。漢字《かんじ》で書《か》くと、走行《そうこう》□□や、□□感《かん》といった使《つか》われ方《かた》をする言葉《ことば》です。

答《こた》えがわかったらページをめくってね

06の答《こた》え

シュートを決《き》めるうえでもっとも大事《だいじ》なことは、まっすぐ打《う》つことだ！

なんで

どんなときも連続《れんぞく》でシュートを決《き》めるため

　リングにはボールが２個入《こはい》るわけだから、すこしくらい左右《さゆう》にぶれてもシュートが入《はい》る、そう思《おも》うかもしれません。実際《じっさい》に入《はい》るときもありますが、まっすぐに打《う》てるようにならない限《かぎ》り、連続《れんぞく》でシュートを決《き》めるのは難《むずか》しいのです。いつも同《おな》じようにまっすぐ打《う》てることを自分《じぶん》にとっての基準《きじゅん》にしてください。

07の答《こた》え ▶ シュートを決《き》めるうえで、きょりを合《あ》わせることも大事《だいじ》だ！

▲「まっすぐ」打《う》ち、近《ちか》くにあるゴールまでの「きょり」を合《あ》わせることによってシュートが決《き》まります

◀「まっすぐ」打《う》ち、遠《とお》くにあるゴールまでの「きょり」を合《あ》わせることによってシュートが決《き》まります

なんで

ゴールからはなれてもシュートを決《き》めるため

ゴールの近《ちか》くからだけでなく、ゴールからはなれたところからシュートを決《き》められることが武器《ぶき》になるからです。ゴールまでのきょりに応《おう》じたシュートを打《う》てることが大切《たいせつ》です。

Level UP! 06のレベルアップ問題《もんだい》

このシュートフォームでは、まっすぐシュートを打《う》つのが難《むずか》しいです。どの部分《ぶぶん》を直《なお》す必要《ひつよう》がありますか？

ヒント
hint

まっすぐボールを飛《と》ばすうえで、とても重要《じゅうよう》なポイントです。もし、このようなシュートになっている人《ひと》がいたら、直《なお》してくださいね。

答《こた》えがわかったらページをめくってね

Level UP!

レベルアップ問題《もんだい》06の答《こた》え ▼ ヒジ

ヒジがしまって
いい感《かん》じ！

OK!

NG!

ヒジが開《ひら》いてしまっています

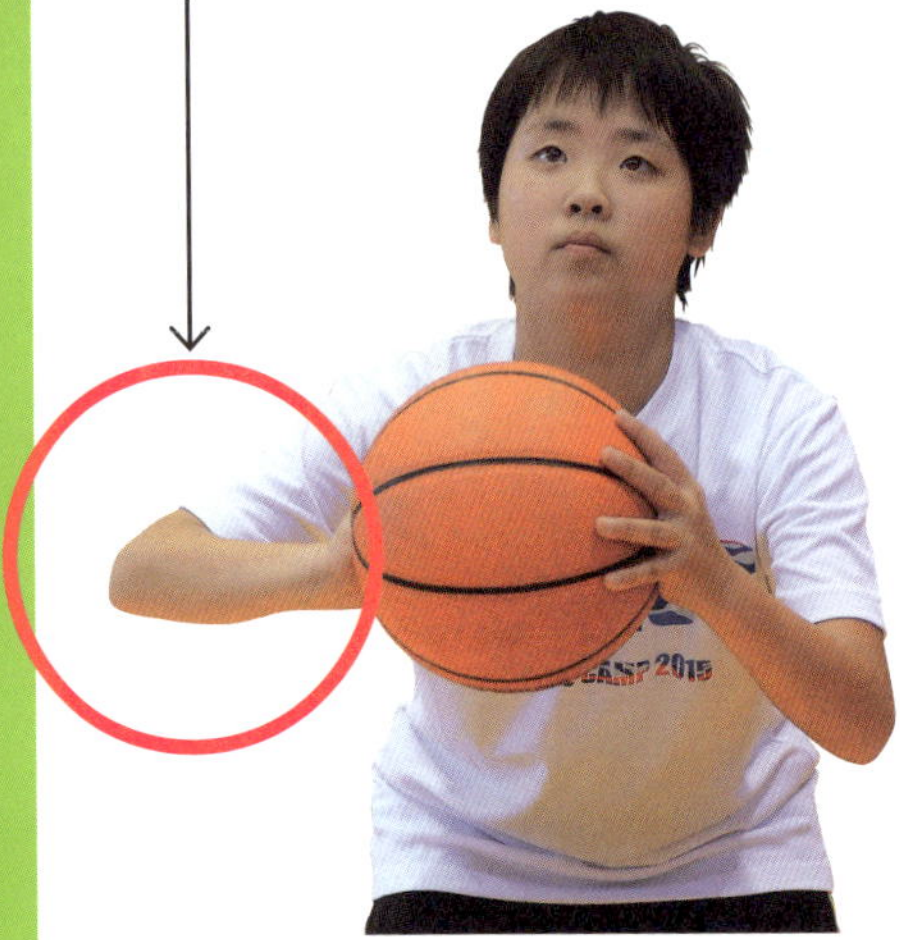

？
なんで

余計《よけい》な力《ちから》を入《い》れないため

ヒジが開《ひら》くと、横《よこ》からボールに余計《よけい》な力《ちから》が加《くわ》わるので、ボールが曲《ま》がりやすくなってしまうのです。

▲指《ゆび》がリングに入《はい》っていますね。こんなイメージでシュートを打《う》ってみよう

PO!NT

「シューティングライン」ってなんだ？

ボールとリングを結《むす》んだラインを「シューティングライン」といいます。そのライン上《じょう》に右利《みぎき》きの選手《せんしゅ》は、「右足《みぎあし》ー右《みぎ》ヒザー右《みぎ》の肩《かた》ー右《みぎ》ヒジー右手首《みぎてくび》ー最後《さいご》にボールを手《て》ばなす指《ゆび》」がのるようにすることを忘《わす》れずに。そして、シュートを打《う》ったあとの指《ゆび》がリングに入《はい》るようなイメージを持《も》ちましょう。

トライ! 「きょり感《かん》シューティング」をしてみよう

ゴールまでのきょり感《かん》を覚《おぼ》えるためには、ゴール下《した》から1歩《ぽ》ずつ下《さ》がっていくシュート練習《れんしゅう》が役立《やくだ》ちます。この練習《れんしゅう》は「きょり感《かん》シューティング」といい、ゴールまでのきょり感《かん》をコントロールする感覚《かんかく》が備《そな》わります。

シュートが決《き》まったら
1歩《ぽ》ずつ後《うし》ろに下《さ》がる
ゴール
スタート

やりかた

1 ボールを持《も》って、近《ちか》いきょりからシュートします
2 シュートが決《き》まったら1歩後《ぽうし》ろに下《さ》がってシュート、外《はず》したら同《おな》じ場所《ばしょ》でもう1回《かい》シュート
3 シュートフォームがくずれることなく、ボールがゴールまで届《とど》くところまで下《さ》がってシュート

▶制限区域《せいげんくいき》
ゴール前《まえ》にある台形状《だいけいじょう》のエリアのこと。試合《しあい》では3秒以上《びょういじょう》いると反則《はんそく》となる

Level UP! 07の レベルアップ 問題《もんだい》

シュートのきょり感《かん》をどうやって合《あ》わせるでしょうか?

1 ボールに伝《つた》わるスピードを変《か》える

2 ヒジの角度《かくど》で変《か》える

3 ヒザの角度《かくど》で変《か》える

ヒントなしです。答《こた》えがわかったらページをめくってね

Level UP!

レベルアップ問題《もんだい》07の答《こた》え

1

ボールに伝《つた》わるスピードを変《か》える

ボールを遠《とお》くに飛《と》ばすには、ボールに速《はや》さが必要《ひつよう》だから

　ヒジやヒザの角度《かくど》を変《か》えたとしても、ボールに伝《つた》わるスピードが変《か》わらなければ、実際《じっさい》のきょりは変《か》わりません。「きょり＝速《はや》さ×時間《じかん》」というのは、みんなも知《し》っていると思《おも》います。例《たと》えば、新幹線《しんかんせん》と自転車《じてんしゃ》がいっしょにスタートし、10分後《ぶんご》にどちらが遠《とお》くまで進《すす》んでいるか考《かんが》えてみましょう。新幹線《しんかんせん》ですよね。なぜなら速度《そくど》が速《はや》いからです。それと同《おな》じで、ボールを遠《とお》くに飛《と》ばすためには、ボールに速《はや》さが必要《ひつよう》だというわけです。

◀手《て》のひらから指《ゆび》の上《うえ》にボールをころがすイメージで初速《しょそく》をコントロールしよう

▶初速《しょそく》

物体《ぶったい》が動《うご》き始《はじ》めた瞬間《しゅんかん》の速《はや》さのこと。この本《ほん》では、ボールが手《て》からはなれた瞬間《しゅんかん》の速《はや》さのことをいう

POINT

ボールが届《とど》かない人はビックリ箱《ばこ》をイメージ！

　ボールがゴールに届《とど》かないからといって力《ちから》まかせに打《う》つと、シュートフォームがくずれてしまいます。そこで初速《しょそく》を出《だ》せるように、「ビックリ箱《ばこ》」をイメージして、勢《いきお》いよく真上《まうえ》に飛《と》び上《あ》がってみましょう。

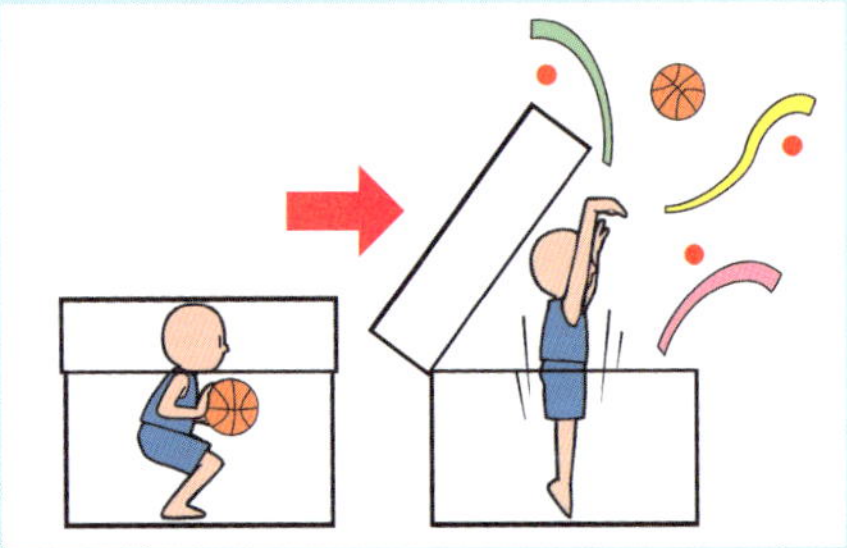

問題《もんだい》 08
中級《ちゅうきゅう》

シュートを打《う》つときの腕《うで》のイメージとして、正《ただ》しいものはどれですか？

1 エレベーター

2 エスカレーター

3 動《うご》く歩道《ほどう》

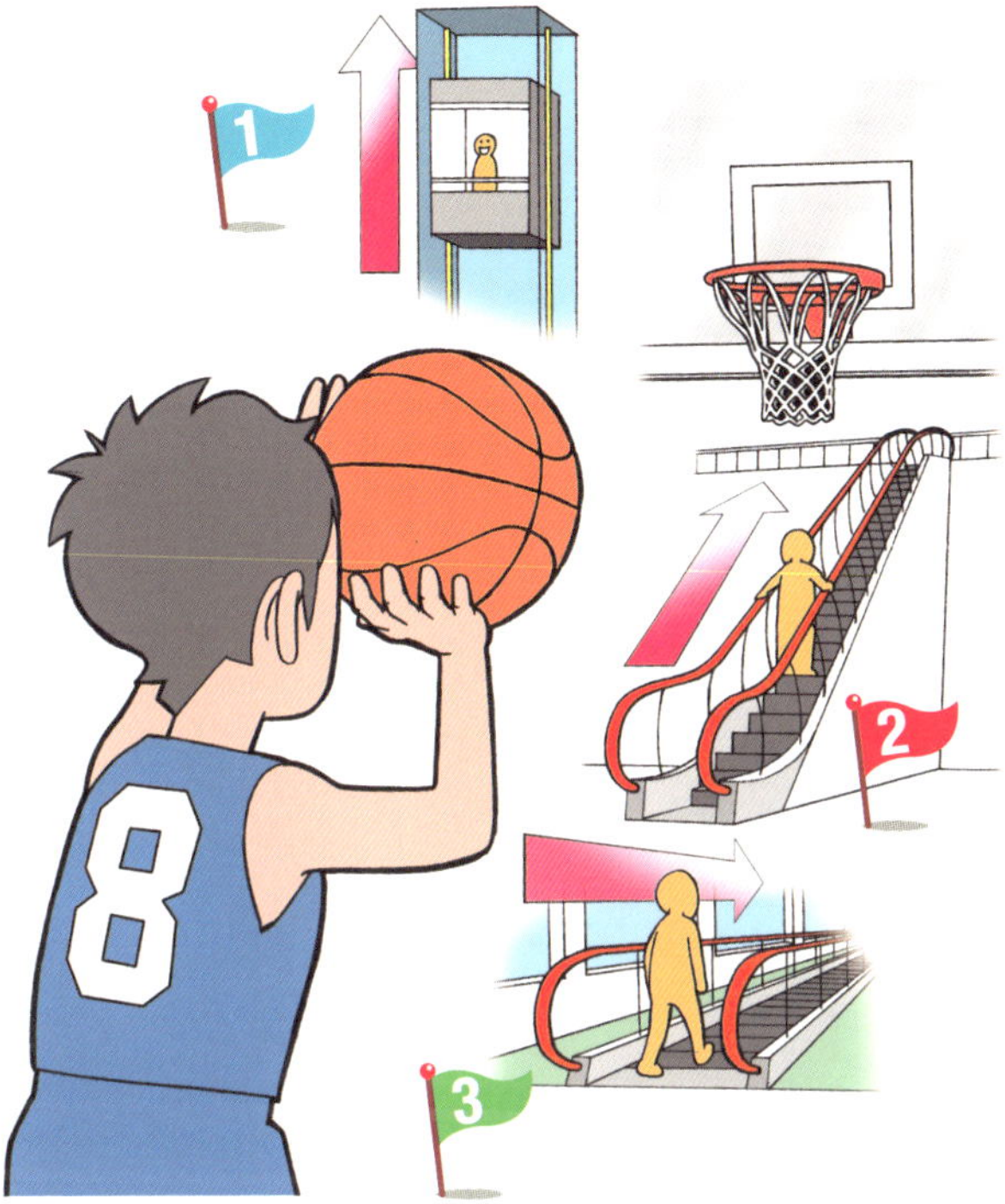

\ヒント/ hint

バスケットボールのリングがどこに取《と》りつけられているかを考《かんが》えるとイメージしやすいかな？

答《こた》えがわかったらページをめくってね

08の答《こた》え ▼

1 エレベーター

特《とく》に大《おお》きな選手《せんしゅ》は、ミニバスのリングが低《ひく》いため低《ひく》いシュートでも決《き》められることがあるんだ。でもクセがついてしまうと直《なお》すのが大変《たいへん》だから、ボールを高《たか》くあげて、リングの上《うえ》からボールを落《お》とすようなイメージを大事《だいじ》にしてね

なんで

高《たか》いところまでボールをあげるため

ミニバスケットボールのリングは、2m60㎝の高《たか》さに取《と》りつけられているので、ボールをそれよりも高《たか》いところにあげないとシュートが決《き》まりません。つまり、エレベーターのように腕《うで》をあげていくイメージなのです。

また、シュートを打《う》ったあとの手《て》（フォロースルー）の形《かたち》は動物《どうぶつ》にたとえると、白鳥《はくちょう》のような形《かたち》になることから「スワンシュート」とも呼《よ》ばれています。

POINT

大《おお》きな弧《こ》を描《えが》くように

エレベーターや白鳥《はくちょう》のようなイメージで腕《うで》をあげてシュートを打つと、ボールは大《おお》きな弧《こ》を描《えが》いてリングへと向《む》かいます。ボールに目《め》がついているとしたら、そのときのリングは、円《えん》に近《ちか》い状態《じょうたい》となっています。つまりボールがすっぽりと入《はい》りやすい状態《じょうたい》なのです。

大《おお》きな弧《こ》
(＝アーチ)
エレベーター

Level UP! 08の レベルアップ 問題《もんだい》

下《した》の絵《え》のようなシュートだと、ボールの目《め》にリングはどう映《うつ》るでしょうか？

\ヒント/ hint

ボールの気《き》持《も》ちになって、丸《まる》い輪《わ》を自《じ》分《ぶん》の目《め》の前《まえ》に置《お》いて考《かんが》えてみよう。

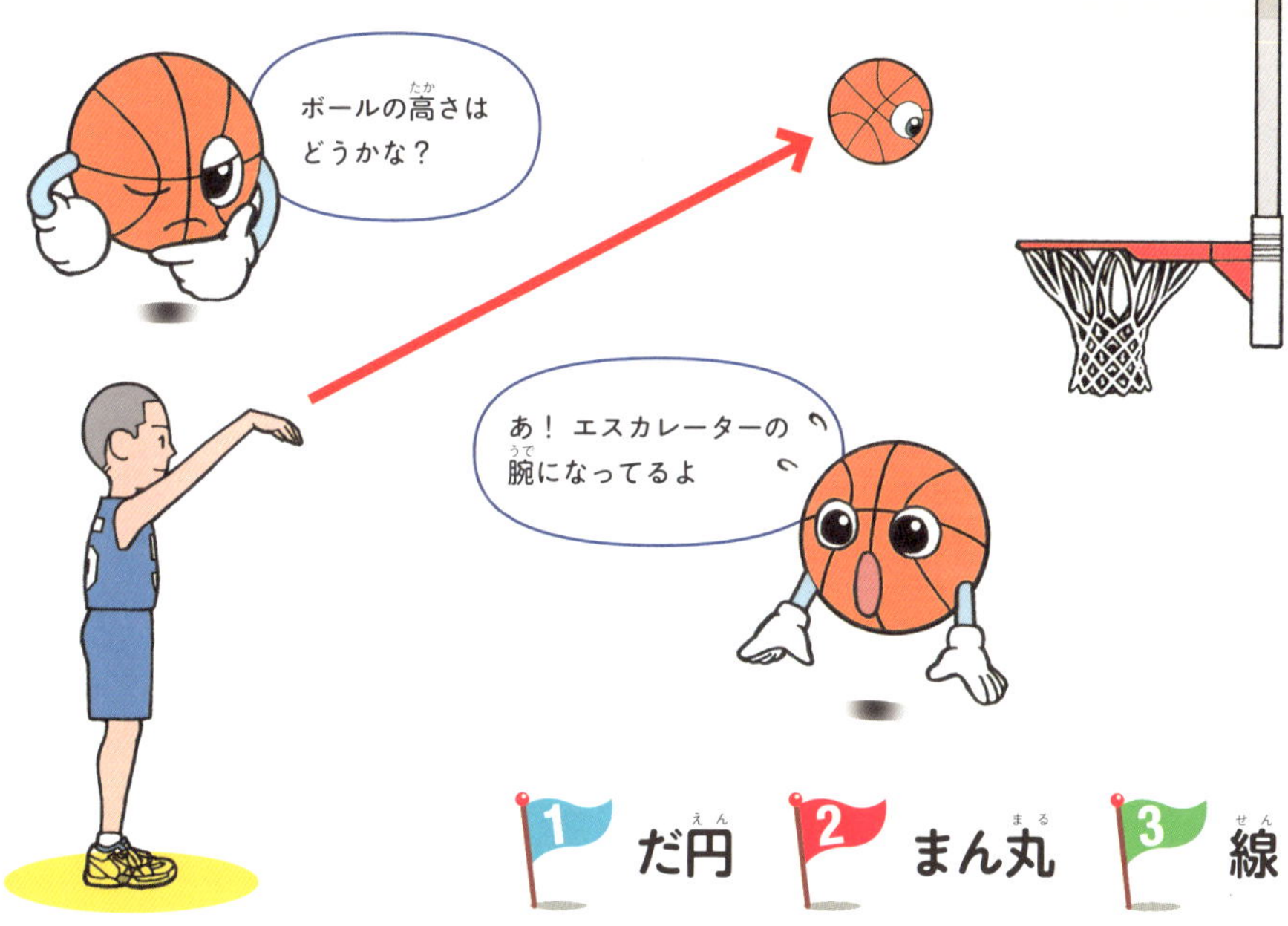
ボールの高《たか》さはどうかな？
あ！ エスカレーターの腕《うで》になってるよ

1 だ円《えん》　2 まん丸《まる》　3 線《せん》

Level UP!

レベルアップ問題《もんだい》 08の答《こた》え

1

だ円《えん》

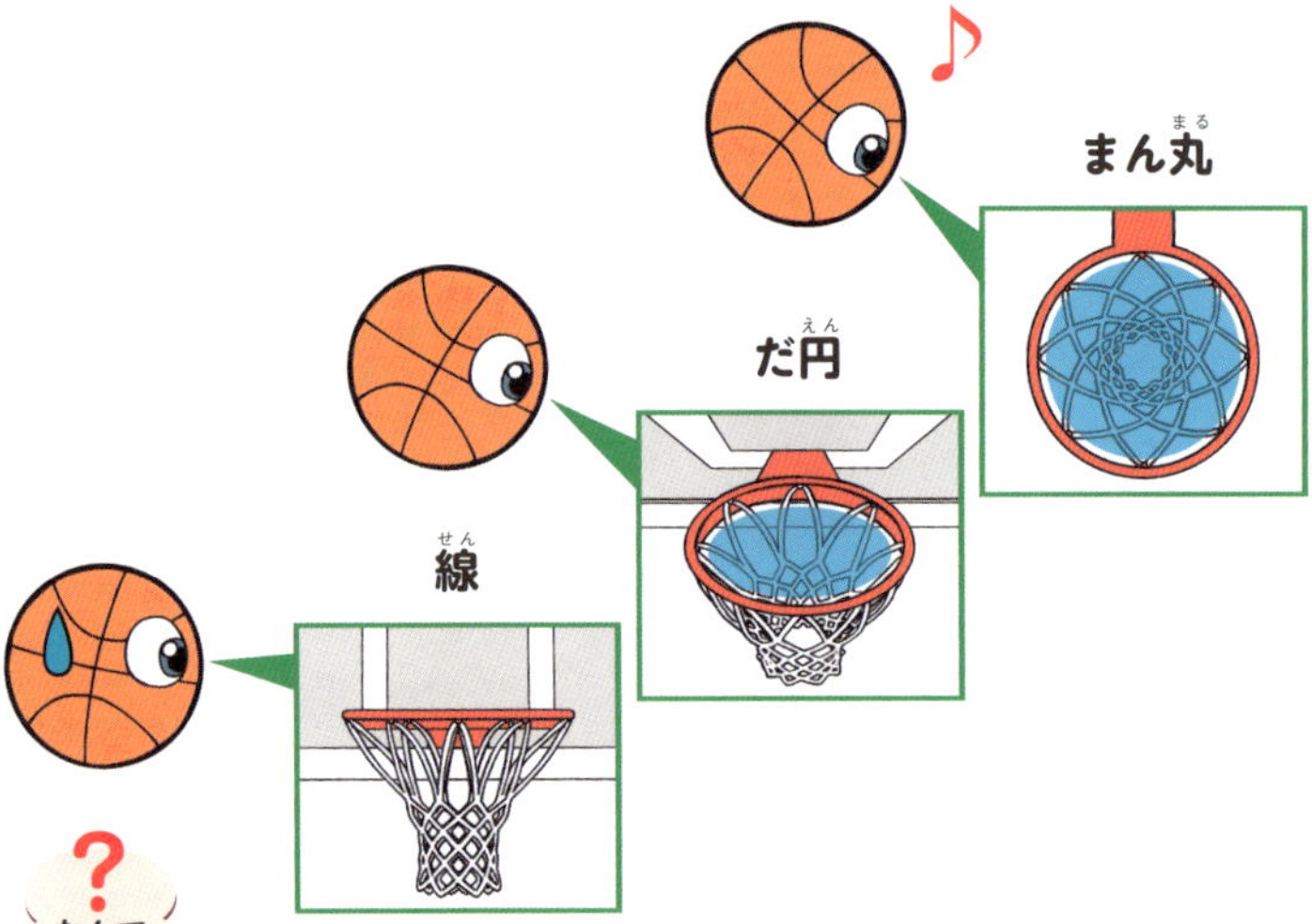

なんで

直線的《ちょくせんてき》にシュートを打《う》つほど リングの形《かたち》は線《せん》に近《ちか》くなる

25ページの絵《え》のような動《うご》きでシュートを打《う》つと、ボールから見《み》たリングはだ円《えん》、つまり卵《たまご》やラグビーボールのような形《かたち》になります。

では、エレベーターの動《うご》きで、ボールが大《おお》きな弧《こ》を描《えが》くようにシュートするとどうなるでしょうか？　ボールはリングの真上《まうえ》にきますから、リングがまん丸《まる》に見《み》えるようになります。

ボールの高《たか》さがリングの高《たか》さに近《ちか》づくにしたがって、リングの形《かたち》は1本《ぽん》の線《せん》に近《ちか》い形《かたち》になります。つまり、ボールが入《はい》りにくい形《かたち》になってしまうということです。

POINT

ボールが入《はい》る面積《めんせき》を広《ひろ》くして、シュートを確実《かくじつ》に決《き》めよう

だ円《えん》のほうが、円《えん》よりも面積《めんせき》がせまくなります。ミニバスくんにリングに入《はい》ってもらって説明《せつめい》しましょう。だ円《えん》だと４人《にん》しか入《はい》りませんが、円《えん》だとなんと14人入《にんはい》ります！

より確実《かくじつ》にシュートを決《き》めるためには、エレベーターのようなイメージで、ボールを高《たか》くあげることが大切《たいせつ》なわけです。

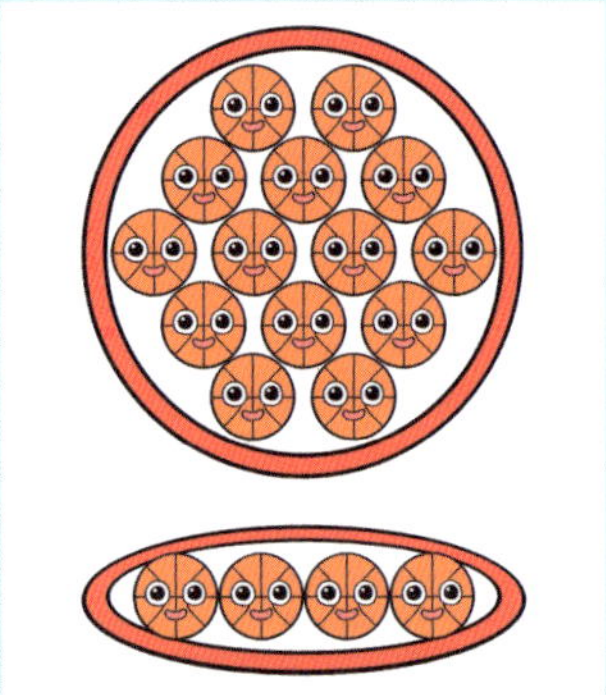

問題《もんだい》 09
中級《ちゅうきゅう》

試合《しあい》でシュートを打《う》つイメージに似《に》ているのはどれですか?

1 ブーメラン

2 輪投《わな》げ

3 ガンマン

ヒント
hint

いずれも必要《ひつよう》な要素《ようそ》は含《ふく》んでいますが、特《とく》に試合《しあい》の流《なが》れのなかでディフェンスがいるときのシュートシーンを思《おも》い浮《う》かべてみてね。

09の答《こた》え

3 ガンマン

なんで？

素早《すばや》く正確《せいかく》にシュートすることが大切《たいせつ》だから

体《からだ》を瞬時《しゅんじ》に静止《せいし》させて、素早《すばや》く打《う》ってねらいに命中《めいちゅう》させるところが似《に》ているからです。ブーメランは横《よこ》に大《おお》きなカーブを描《えが》くのが特徴《とくちょう》の一《ひと》つなので、1は不正解《ふせいかい》。一方《いっぽう》、輪投《わな》げは時間《じかん》を気《き》にせず、ねらいを定《さだ》めることができるので2も不正解《ふせいかい》。ただし、ファウルをうけたときにもらえるシュートチャンス、フリースローは輪投《わな》げに似《に》ているかもしれませんね。

▶ファウル
相手《あいて》にぶつかる反則《はんそく》

▶フリースロー
相手《あいて》がファウルしたときにもらえるシュートチャンス

NG! ✕ 遅《おそ》いとブロックされる

OK! ○ 速《はや》いとブロックされない

問題《もんだい》
10
中級《ちゅうきゅう》

ワンハンドシュートを打《う》つ直前《ちょくぜん》の利《き》き手《て》の形《かたち》で正《ただ》しいのはどれでしょうか?

1 手首《てくび》の内側《うちがわ》にしわができる

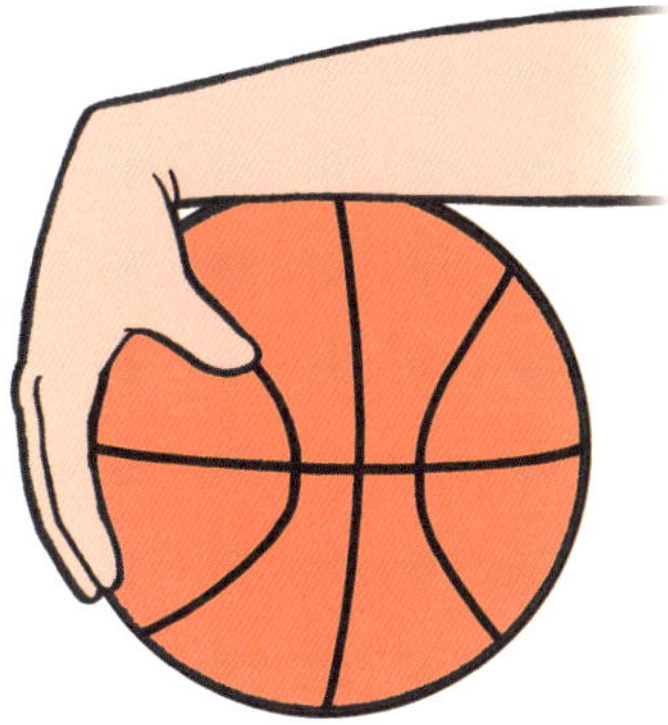

2 まっすぐのばす

3 手首《てくび》の外側《そとがわ》にしわができる

もう片方《かたほう》の手《て》はボールにそえるよ

ヒント
hint

シュートを打《う》つときのかっこうをしてみよう。右利《みぎき》きの選手《せんしゅ》は右手《みぎて》、左利《ひだりき》きの選手《せんしゅ》は左手《ひだりて》がどうなっていますか?

答《こた》えがわかったらページをめくってね

10の答《こた》え ▼ 3 手首《てくび》の外側《そとがわ》にしわができる

手首《てくび》の外側《そとがわ》にしわ

なんで

ボールをしっかり支《ささ》えて、安定《あんてい》したシュートを打《う》つため

ボールを手《て》の上《うえ》にのせるには、手首《てくび》の外側《そとがわ》にしわができるように曲《ま》げることが大切《たいせつ》だからです。1のように「手首《てくび》の内側《うちわが》にしわができる」とボールが下《した》に落《お》ちてしまいますし、2のように「まっすぐのばす」のも同《おな》じ理由《りゆう》で不正解《ふせいかい》です。

POINT

手首《てくび》とヒジで「L」をつくろう

手首《てくび》を曲《ま》げる目安《めやす》は「90度《ど》」です。さらにヒジも「90度《ど》」を目安《めやす》に曲《ま》げます。「90度《ど》＝L」であることから、「2L(ツーエル)」と呼《よ》ばれています。

問題《もんだい》11 上級《じょうきゅう》

攻撃《こうげき》できる時間《じかん》はあと2秒《びょう》。ドリブルしていて横《よこ》にディフェンスがいるとき、または目《め》の前《まえ》に大《おお》きな相手《あいて》がいるときにはどうする？

1. ドリブルを続《つづ》ける
2. ドリブルを止《と》める
3. チームメイトにパスをする

うーん…
どうすれば
いいかなあ？

▶ドリブル
36ページを見《み》てみよう

ヒント hint

一度《いちど》の攻撃《こうげき》に使《つか》える時間《じかん》は「30秒《びょう》」。その時間内《じかんない》にシュートを打《う》たなければなりません。残《のこ》り時間《じかん》を考《かんが》えたとき、あなたがもっとも優先《ゆうせん》しなくてはならないのは？　試合《しあい》で実際《じっさい》にあなたがそのシーンにいることをイメージしてみましょう。

11の答《こた》え ▼ 2

ドリブルを止《と》める

スタート
ゴールに向《む》かってドリブルしていると
ゴール下《した》から大《おお》きな相手《あいて》が
寄《よ》ってきました

ドリブルをしっかりと止《と》めて
シュート体勢《たいせい》に入《はい》ります

なんで

「残《のこ》り2秒《びょう》」に注目《ちゅうもく》しよう

ちょっと引《ひ》っかけ問題《もんだい》になってしまったかな？　もう少《すこ》しくわしくいうと、「ドリブルを止《と》めてシュートを打《う》つ」が正解《せいかい》です。なぜなら、残《のこ》り時間《じかん》を考《かんが》えたときにもっとも優先《ゆうせん》するべきなのはシュートを打《う》つことだからです。たとえシュートが決《き》まらなくても、ボールがリングに当《あ》たればリバウンドをとって、もう一度攻撃《いちどこうげき》をすることができます。

1と3が不正解《ふせいかい》の理由《りゆう》はもうわかりましたね。時間《じかん》がかかりすぎてしまい、相手《あいて》ボールになってしまうからです。

▶リバウンド

シュートミスのボールをとること

ドリブルを止《と》めて
シュートするんだ！

Level UP! 11のレベルアップ問題《もんだい》

たとえ大《おお》きな相手《あいて》が前《まえ》にいても、ドリブルを止《と》めずにブロックをかわすテクニックがいくつかあります。そのうち「ギャロップステップ」というテクニックは、なんの動物《どうぶつ》の動《うご》きに似《に》ているでしょうか?

1 へび

2 うま

3 ひょう

答《こた》えがわかったら
ページをめくってね

ブロックされる前《まえ》に
素早《すばや》くジャンプシュート

POINT

攻撃《こうげき》の残《のこ》り時間《じかん》によってプレーを選《えら》ぼう

相手《あいて》にブロックされる（じゃまされる）のは、イヤですよね。それでも打《う》たなくてはならないときがあることを覚《おぼ》えておきましょう。

攻撃《こうげき》の残《のこ》り時間《じかん》がたくさんあるときには、ドリブルで相手《あいて》を引《ひ》きつけてからパスをしたり、ドリブルを続《つづ》けて次《つぎ》のプレーのタイミングをはかることも大切《たいせつ》です。ドリブルを簡単《かんたん》に止《と》めて次《つぎ》のプレーを考《かんが》えることのないように気《き》をつけてください。

Level UP!

レベルアップ問題《もんだい》11の答《こた》え

▼

2

うま

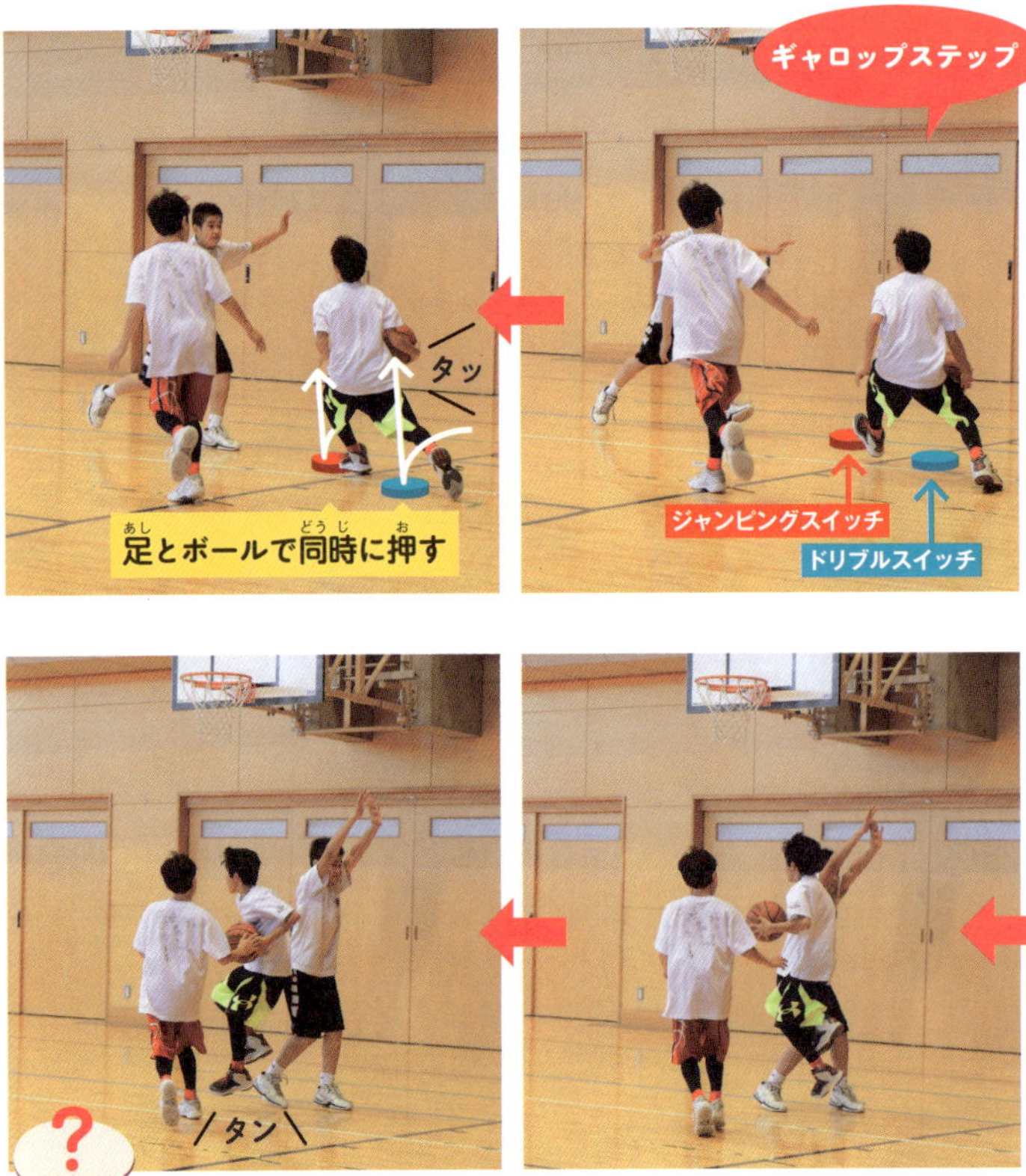

なんで

足《あし》の運《はこ》びがうまに似《に》ているから

ドリブルしてはずませたボールを空中《くうちゅう》でキャッチし、着地《ちゃくち》したときのステップが「タッ、タン」と、うまのような足《あし》の運《はこ》びになるからです。ちなみに「ギャロップ」とはもともと馬術用語《ばじゅつようご》で、「全力疾走《ぜんりょくしっそう》すること」という意味《いみ》です。

POINT

「ジャンピングスイッチ」と「ドリブルスイッチ」を同時《どうじ》に押《お》す

大切《たいせつ》なのは、ジャンプするために踏《ふ》みきる瞬間《しゅんかん》です。最後《さいご》のドリブルと足《あし》(写真《しゃしん》1、2枚目《まいめ》の左足《ひだりあし》) を同時《どうじ》についてください。フロアにスイッチ「ジャンピングスイッチ」と「ドリブルスイッチ」があることをイメージして、足《あし》とボールで同時《どうじ》に押《お》すように意識《いしき》すると、うまくできます。

第《だい》2章《しょう》

どうしてドリブルを使《つか》うの？

「ドリブル」ってなんだ？

相手《あいて》をかわしながらゴールに近《ちか》づくために

バスケットボールはボールを持《も》って3歩以上《ぽいじょう》、歩《ある》くことはできません。でも床《ゆか》にボールをつきながらであれば、自分《じぶん》が好《す》きなところに移動《いどう》することができます。このようなプレーのことを「ドリブル」といいます。ゴールを守《まも》るディフェンスを、家《いえ》を守《まも》る「番犬《ばんけん》」にたとえて説明《せつめい》しましょう。

さあ、ドリブルしながら、番犬《ばんけん》がいる友《とも》だちの家《いえ》に行《い》く様子《ようす》をイメージしてみましょう。番犬《ばんけん》からボールを守《まも》りながらドリブルしなくてはいけませんね。バスケットボールではこの番犬《ばんけん》のように、ボールをとろうとするディフェンス（相手《あいて》）をかわして目的地《もくてきち》、つまりゴールに近《ちか》づくことが大切《たいせつ》です。

ドリブルを使《つか》う目的《もくてき》

ドリブルはゴールに近《ちか》づくための「移動《いどう》」の手段《しゅだん》です。どうしてゴールに近《ちか》づくのかというと、シュートの決《き》まる確率《かくりつ》が高《たか》くなるからです。

問題《もんだい》 12 初級《しょきゅう》

ドリブルしているシーンです。正《ただ》しくボールをついているのはどれでしょうか？

\ヒント/
hint

- 強《つよ》くつき、ボールが手《て》からはなれている時間《じかん》を短《みじか》くすること
- ディフェンスにボールをとられないように、
ボールをついていないほうの手《て》で守《まも》ること
- 次《つぎ》にどんなプレーをすればいいかわかること
- 両足《りょうあし》を適度《てきど》に開《ひら》いて、すぐに動《うご》き出《だ》せるようにしておくこと

さあ、これらの条件《じょうけん》を満《み》たしているドリブルの姿勢《しせい》はどれかな？

答《こた》えがわかったらページをめくってね

12の答《こた》え 1

なんで

正《ただ》しい姿勢《しせい》のこの写真《しゃしん》から線《せん》で引《ひ》っ張《ば》って説明《せつめい》してみましょう。

[指《ゆび》]

指《ゆび》を使《つか》って強《つよ》くボールをつけています。それによってボールが手《て》からはなれている時間《じかん》が短《みじか》くなり、番犬《ばんけん》にとられにくくなります

[顔《かお》]

顔《かお》がしっかりあがっているので、番犬《ばんけん》やまわりの状況《じょうきょう》がよく見《み》えます。つまり、次《つぎ》に自分《じぶん》が何《なに》をすればいいかわかります

[腕《うで》]

前《まえ》に出《だ》すこの腕《うで》のことを「アームバー」といいます。番犬《ばんけん》にとって、この腕《うで》がじゃまでボールをとりにくいのです

[両足《りょうあし》]

両足《りょうあし》を開《ひら》いているので、バランスがいい姿勢《しせい》になっています。これならすぐに動《うご》き出《だ》して番《ばん》犬《けん》にとられず、ボールを運《はこ》べそうですね

初級《しょきゅう》

問題《もんだい》13

この選手《せんしゅ》は右手《みぎて》が利《き》き手《て》です。どちらが正《ただ》しい抜《ぬ》き方《かた》ですか？

1 右手《みぎて》を使《つか》って素早《すばや》くドリブルする

ディフェンス

ディフェンスをドリブルで抜《ぬ》いているシーンだね

2 利《き》き手《て》ではない、左手《ひだりて》を使《つか》ってドリブルする

ディフェンス

ヒント
hint

ボールを番犬《ばんけん》から守《まも》るためには、どっちを選《えら》んだほうがいいかな？

答《こた》えがわかったらページをめくってね

13の答《こた》え ▶ 2 利《き》き手《て》ではない、左手《ひだりて》を使《つか》ってドリブルする

なんで

ディフェンス(番犬《ばんけん》)にとられないことが重要《じゅうよう》だから

ディフェンスがいないほうの手《て》でボールをつくことによって、相手《あいて》にとられにくくなります。右手《みぎて》が利《き》き手《て》の選手《せんしゅ》も、左手《ひだりて》のドリブルを覚《おぼ》えなくてはならないということです。

トライ!

▲ⒶがドリブルをしながらⒷのほうに進《すす》みます

▲Ⓑはどちらかの手《て》をサッとあげます

▲Ⓐは、Ⓑから遠《とお》いほうの手《て》でボールをついて抜《ぬ》きさります

「トンネルくぐり」をしてみよう！

左右《さゆう》どちらの手《て》でも相《あい》手《て》を抜《ぬ》けるように、「トンネルくぐり」という練習《れんしゅう》をしてみましょう。この練習《れんしゅう》は、ディフェンスの状況《じょうきょう》に応《おう》じてドリブルする手《て》をかえる必要《ひつよう》があるので、判断力《はんだんりょく》・ドリブル力《りょく》が身《み》につきます。また、低《ひく》い姿勢《しせい》でドリブルをすることも意識《いしき》できるようになります。

やりかた

1 2人《ふたり》が2～3mくらいはなれ、攻《せ》めるオフェンスⒶが守《まも》るディフェンスⒷに向《む》かってドリブルしながら進《すす》みます

2 ⒷはⒶが近《ちか》づいてきたら、左右《さゆう》どちらかの手《て》を真横《まよこ》にあげます

3 ⒶはⒷの左手《ひだりて》があがったら右手《みぎて》でドリブル、右手《みぎて》があがったら左手《ひだりて》でドリブルに切《き》りかえます

4 ⒶがⒷの腕《うで》の下《した》をくぐり抜《ぬ》けるとき、ドリブルしていないほうの手《て》でⒷのヒザの裏《うら》をタッチしましょう。タッチすることで、ディフェンスから遠《とお》いほうの手《て》でドリブルを自然《しぜん》とつけるようになります

5 ⒷはⒶがゆっくりドリブルしていたり、ディフェンスに近《ちか》いほうの手《て》でドリブルしていたら、ドリブルのコースに入《はい》って通《とお》さないようにしても構《かま》いません

問題《もんだい》 14 初級《しょきゅう》

ドリブルでディフェンスを抜《ぬ》いて確率《かくりつ》の高《たか》いシュートを打《う》ちたい。ねらうコースはどこですか？

1 ディフェンスから1mくらいはなれて全速力《ぜんそくりょく》で抜《ぬ》く

2 ディフェンスの真横《まよこ》すれすれを抜《ぬ》く

3 ディフェンスの正面《しょうめん》に向《む》かって、強引《ごういん》に押《お》しこむ

ヒント hint

ディフェンスにボールをとられたくない……。
でも、相手《あいて》をすぱっとドリブルで抜《ぬ》いて
確実《かくじつ》にシュートも決《き》めたい……。

答《こた》えがわかったらページをめくってね

14の答《こた》え ▼ 2

ディフェンスの真横《まよこ》すれすれを抜《ぬ》く

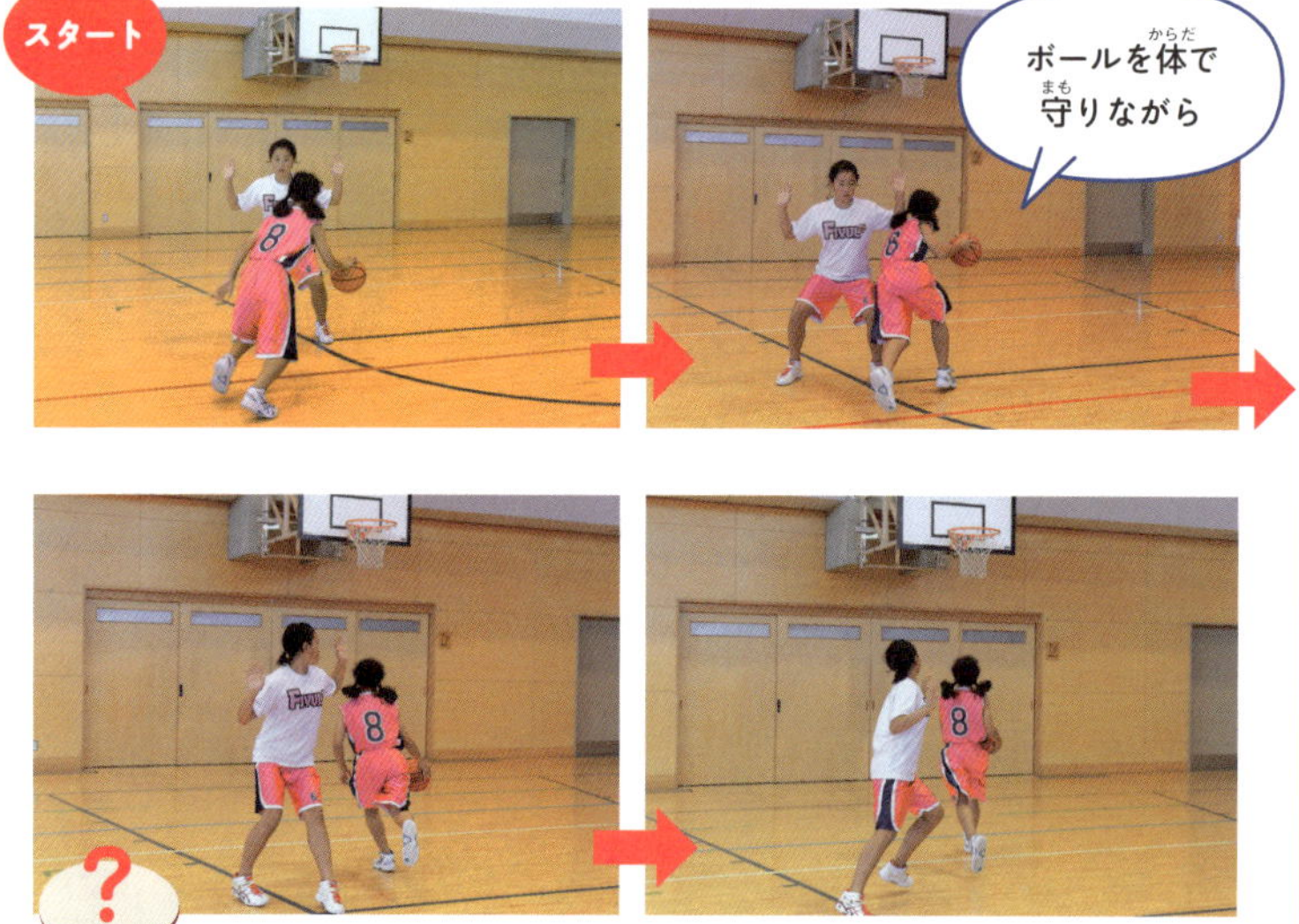

なんで

ボールを体《からだ》で守《まも》りながら進《すす》むことができるから

ディフェンスの真横《まよこ》なのでボールをとられそうに見《み》えるかもしれませんね。しかし、ディフェンスがいないほうの手《て》でドリブルすることによって、ボールを体《からだ》で守《まも》ることができます。そうしてゴールへとまっすぐ向《む》かうことによって、決《き》まる確率《かくりつ》の高《たか》いレイアップシュートを打《う》てるチャンスが生《う》まれます。

POINT

相手《あいて》からはなれてふくらむようにドリブルをつくと

番犬《ばんけん》の近《ちか》くを通《とお》るのはこわいですか？　でも相手《あいて》からはなれてふくらむようにドリブルをつくと、ドリブルのコースに入《はい》られてしまい、シュートチャンスをつくるのが難《むずか》しくなります。また、コートには相手《あいて》が５人《にん》いることも忘《わす》れずに。大回《おおまわ》りすると、ほかの番犬《ばんけん》に追《お》いつかれることがあります。また、ディフェンスに正面《しょうめん》からぶつかると、オフェンス(攻撃側《こうげきがわ》）のファウルになるので気《き》をつけましょう。

試合《しあい》でどういうときに使《つか》えるかなあ？
ドリブルのテクニックだね

問題《もんだい》15

初級《しょきゅう》

『フロントチェンジ』の長所《ちょうしょ》（よいところ）はなんでしょうか？

ヒント
hint

写真《しゃしん》を見《み》ながら、実際《じっさい》に動《うご》きをやってみましょう。フロントチェンジは、体《からだ》の中心《ちゅうしん》にボールを強《つよ》くついて左右《さゆう》に動《うご》かすテクニックです。答《こた》えは二《ふた》つあります。さあ、考《かんが》えてみよう！

▶フロントチェンジ
体《からだ》の前《まえ》でボールを左右《さゆう》に動《うご》かすドリブルのこと

15の答《こた》え

●ボールを左右《さゆう》に動《うご》かしたあとに、攻撃《こうげき》の姿勢《しせい》をとりやすい

●前《まえ》を見続《みつづ》けることができる

ディフェンスをつけるとよりわかるので写真《しゃしん》を見《み》ながら説明《せつめい》していきましょう

▲目《め》の前《まえ》にディフェンスがいて、なかなか攻撃《こうげき》できません

低《ひく》い位置《いち》で右手《みぎて》から左手《ひだりて》にチェンジ

▲ディフェンスに読《よ》まれないタイミングで、フロントチェンジをしてドリブルを続《つづ》けます

▲相手《あいて》をかわせました。一気《いっき》に相手《あいて》を抜《ぬ》きさり、攻撃《こうげき》を展開《てんかい》します

POINT

ヒザより下《した》で ボールを持《も》ちかえる

フロントチェンジで相手《あいて》を抜《ぬ》くときの姿勢《しせい》は、お相撲《すもう》さんが土俵《どひょう》にあがって両手《りょうて》をたたくシーンのようなイメージです。低《ひく》い位置《いち》でボールを持《も》ちかえることで、ディフェンスにとられにくくなります。

相撲《すもう》とバスケが似《に》ているって意外《いがい》だね

ヒザを曲《ま》げて重心《じゅうしん》を落《お》としているよ

Level UP! 15のレベルアップ問題《もんだい》

フロントチェンジの長所《ちょうしょ》はわかりましたね。では、フロントチェンジの短所《たんしょ》(よくないところ)はなんだと思《おも》いますか?

\ヒント/
hint

フロントは英語《えいご》で「前《まえ》」という意味《いみ》。チェンジは英語《えいご》で「(左右《さゆう》に)かえる」という意味《いみ》です。前《まえ》でボールを左右《さゆう》に切《き》りかえるということは……。

☜ 答《こた》えがわかったらページをめくってね

Level UP!

レベルアップ問題《もんだい》 15の答《こた》え

ボールがディフェンスにとって、とりやすいところを通《とお》る

ディフェンス
相手《あいて》が
近寄《ちかよ》ってきています
間合《まあ》いがせまいのに
フロントチェンジ！
!!
ディフェンスに
ボールをとられて
しまいました

▶間合《まあ》い
ボールを持《も》っている選手《せんしゅ》とディフェンスのきょり

なんで

番犬《ばんけん》の目《め》の前《まえ》にボールが……

目《め》の前《まえ》にいる相手《あいて》にとって、一番《いちばん》ボールをとりやすい場所《ばしょ》、いいかえると手《て》が届《とど》きやすいところはどこですか？ 体《からだ》の前《まえ》ですよね。フロントチェンジは体《からだ》の前《まえ》でボールを動《うご》かしているため、十分《じゅうぶん》な間《ま》合《あ》いがないと、使《つか》うのが難《むずか》しいドリブルでもあるのです。

問題《もんだい》 16

中級《ちゅうきゅう》

『ロールターン』の長所《ちょうしょ》は、なんでしょうか？

ヒント
hint

実際《じっさい》にロールターンの動《うご》きをやってみましょう。ボールを体《からだ》からあまりはなさず、素早《すばや》くクルッと回《まわ》ってドリブルするのがポイントです。その瞬間《しゅんかん》、ボールがどういう状態《じょうたい》になっているかな？

▶ロールターン

体《からだ》を回転《かいてん》させながらボールをつくドリブルのこと

 答《こた》えがわかったらページをめくってね

16の答え ▼ ボールを体で守りながら、ドリブルの方向を変えられる

スタート
右手でドリブル

ディフェンスをつけるとわかります
写真を見ながら説明していきましょう

相手―自分の体―ボールという位置関係となり
とられにくい状態です

POINT
体を回転させながらドリブルしてみよう

ロールターンをするときは、ボールを体の近くにおき、頭が浮かないように低い姿勢で、首から先に回るようにします。フィギュアスケートのスピンをイメージするといいでしょう。

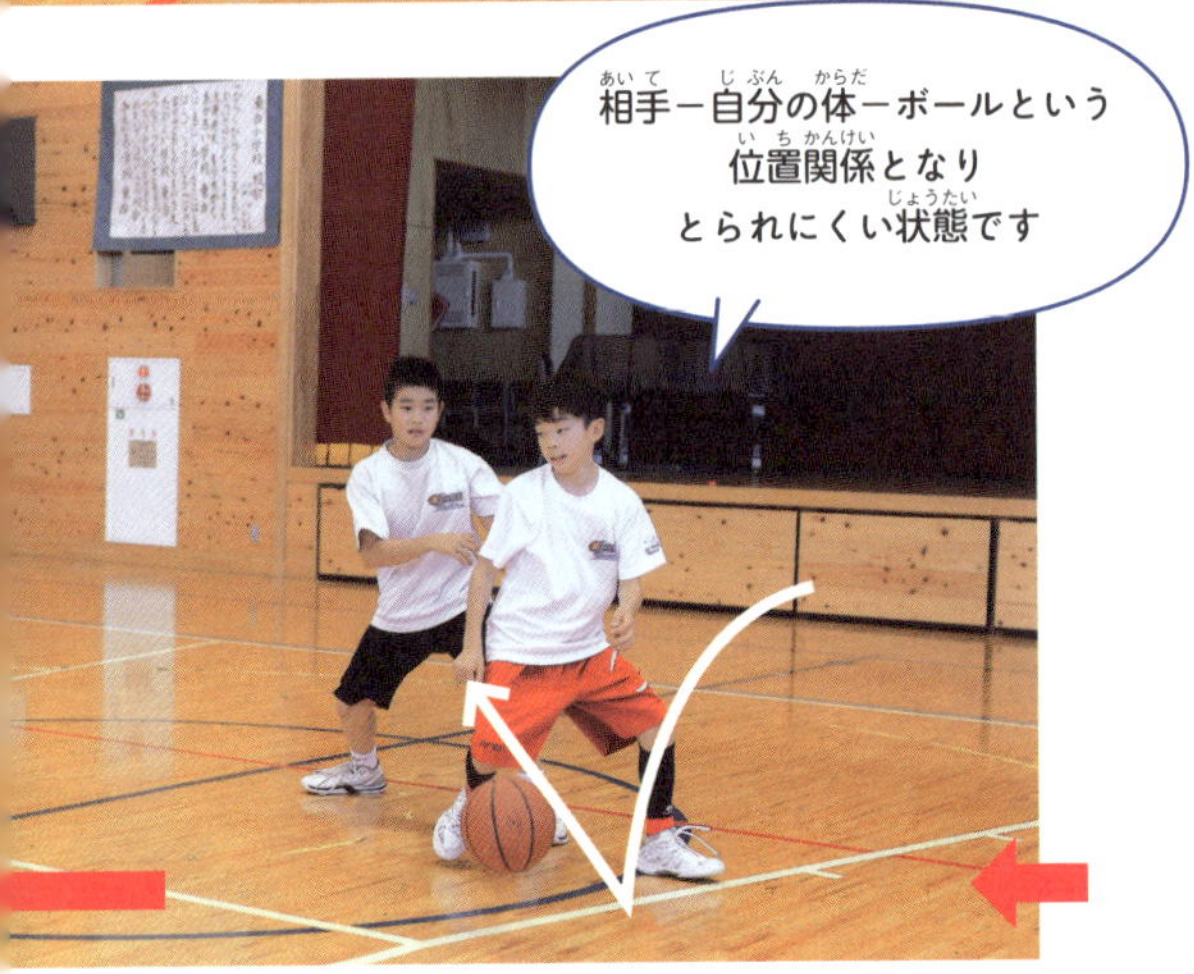

ドリブルを続《つづ》けながら
ボールを引《ひ》き、体《からだ》を
回転《かいてん》させていきます
右手《みぎて》でつくボールを
相手《あいて》が手《て》をのばして
とろうとしてきます
逆側《ぎゃくがわ》に強《つよ》くボールをつき
左手《ひだりて》にボールを持《も》ちかえて
ドリブルの方向《ほうこう》を変《か》えます
左手《ひだりて》に
チェンジ

Level UP! 16のレベルアップ問題《もんだい》

**ロールターンの長所《ちょうしょ》はわかりましたね。
では、ロールターンの短所《たんしょ》は
なんだと思《おも》いますか？**

ヒント
hint

ロールターンしている間《あいだ》、自分《じぶん》の体《からだ》はどうなっていますか？

Level UP!

レベルアップ問題《もんだい》16の答《こた》え

ゴールやまわりの状況《じょうきょう》が見《み》えなくなる

なんで

一瞬《いっしゅん》後《うし》ろを向《む》いて行《おこな》うテクニックだから

ロールターンしている間《あいだ》、自分《じぶん》が守《まも》るゴールのほうに体《からだ》が向《む》いています。ということは、相手《あいて》のゴールや攻撃《こうげき》する方向《ほうこう》が見《み》えにくくなり、次《つぎ》のプレーが遅《おそ》くなってしまうのです。

トライ!

▲2人組《ふたりぐみ》になり、1人《ひとり》が走《はし》り寄《よ》ります

ボールを持《も》っていることをイメージ!

▲ロールターンで抜《ぬ》くイメージを持《も》ちます

▲相手《あいて》にぶつかって、くるりと回《まわ》ります

ボールなしでやってみよう!

素早《すばや》くロールターンできない選手《せんしゅ》は、ボールを使《つか》わずに行《おこな》ってみましょう。仲間《なかま》に立《た》ってもらい、軽《かる》くぶつかってから回転《かいてん》すると、ロールターンの感覚《かんかく》がつかみやすいはずです。

実際《じっさい》の試合《しあい》でも、相手《あいて》と接触《せっしょく》しながらロールターンすることが多《おお》いので、実戦的《じっせんてき》な練習《れんしゅう》になります。ただし、全力《ぜんりょく》でぶつかるとけがにつながるので注意《ちゅうい》してください。

やりかた

1 ロールターンをする選手《せんしゅ》Ⓐと柱《はしら》となる選手《せんしゅ》Ⓑは2～3ｍくらいはなれます

2 Ⓑはヒザを曲《ま》げて、腕《うで》を体《からだ》の前《まえ》でクロスして待《ま》ちます

3 ⒶはⒷに向《む》かって走《はし》り寄《よ》り、軽《かる》くぶつかりながら回転《かいてん》します

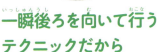

問題《もんだい》

17

中級《ちゅうきゅう》

『レッグスルー』の長所《ちょうしょ》はなんでしょうか?

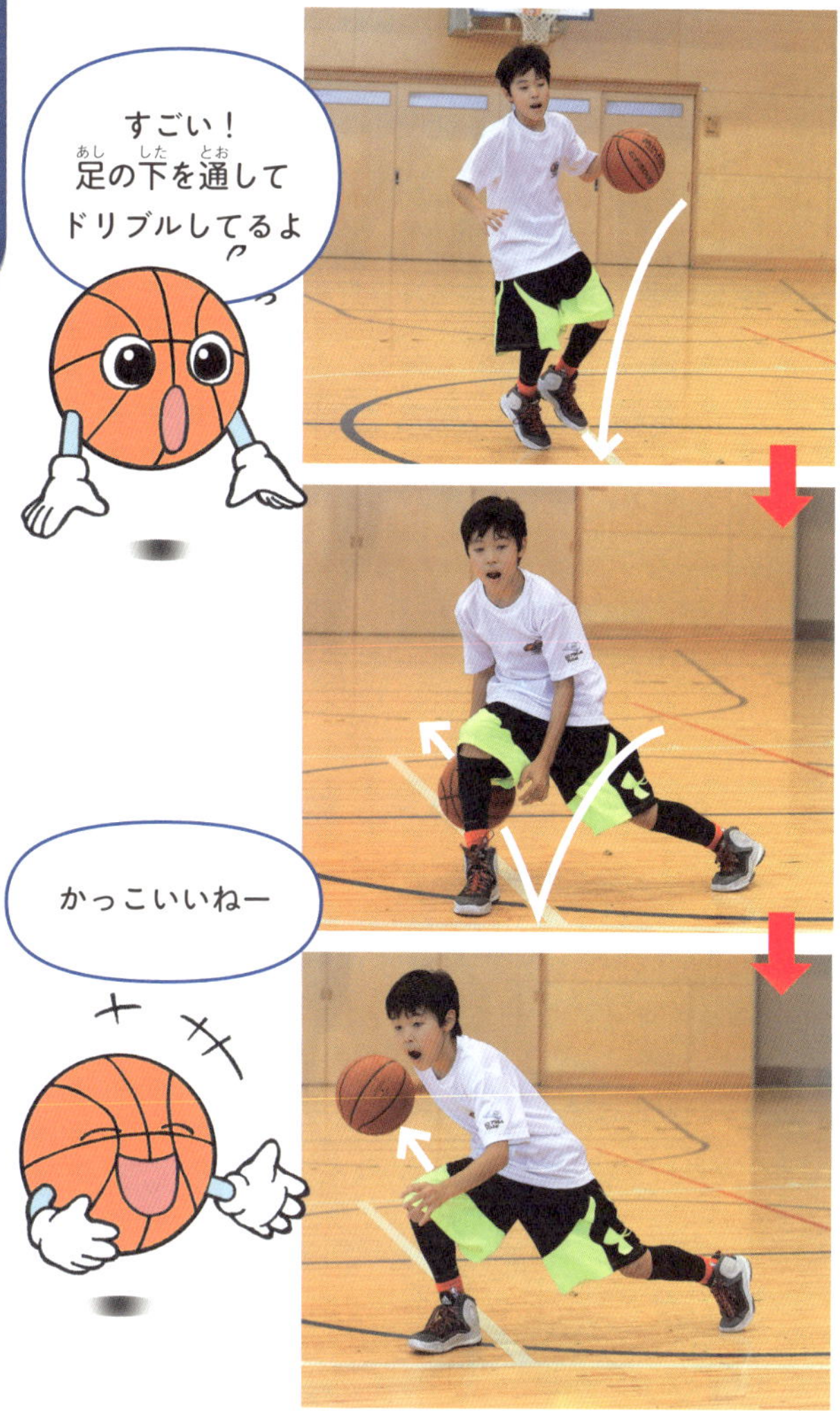
すごい!
足《あし》の下《した》を通《とお》して
ドリブルしてるよ
かっこいいねー

▶レッグスルー

両足《りょうあし》の間《あいだ》でボールをつくドリブルのこと

＼ヒント/

hint

「レッグ」は英語《えいご》で「足《あし》」という意味《いみ》。「スルー」は「通《とお》す」という意味《いみ》です。さあ、「足《あし》を通《とお》す」とどうなるか考《かんが》えてみよう。

答《こた》えがわかったらページをめくってね

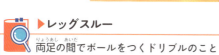

17の答《こた》え ▼

まわりがよく見《み》える状態《じょうたい》で、足《あし》でボールを守《まも》りながら攻撃《こうげき》の姿勢《しせい》をとれる

ディフェンスをつけると
よくわかります
写真《しゃしん》を見《み》ながら説明《せつめい》していきましょう

▲間合《まあ》いがせまく、フロントチェンジは危険《きけん》な状況《じょうきょう》です

? なんで

フロントチェンジの短所《たんしょ》をカバーできる

43ページから46ページで紹介《しょうかい》した「フロントチェンジ」では、ディフェンスにとられやすいのが短所《たんしょ》でした。このレッグスルーでは、足《あし》でボールをカバーすることができます。しかも「フロントチェンジ」と同《おな》じように、まわりがよく見《み》える状態《じょうたい》で攻撃《こうげき》の姿勢《しせい》をとることができるのです。

POINT

太《ふと》ももの下《した》を通《とお》したら
ボールは
体《からだ》の横《よこ》か前《まえ》に

ボールを両足《りょうあし》の間《あいだ》で通《とお》したあと、ボールが体《からだ》の横《よこ》か前《まえ》に来《く》るように意識《いしき》してください。ボールが体《からだ》の後《うし》ろに来《き》てしまうと、このドリブルのよいところがなくなってしまうからです。つまり、攻撃《こうげき》の姿勢《しせい》をとりにくくなるということです。

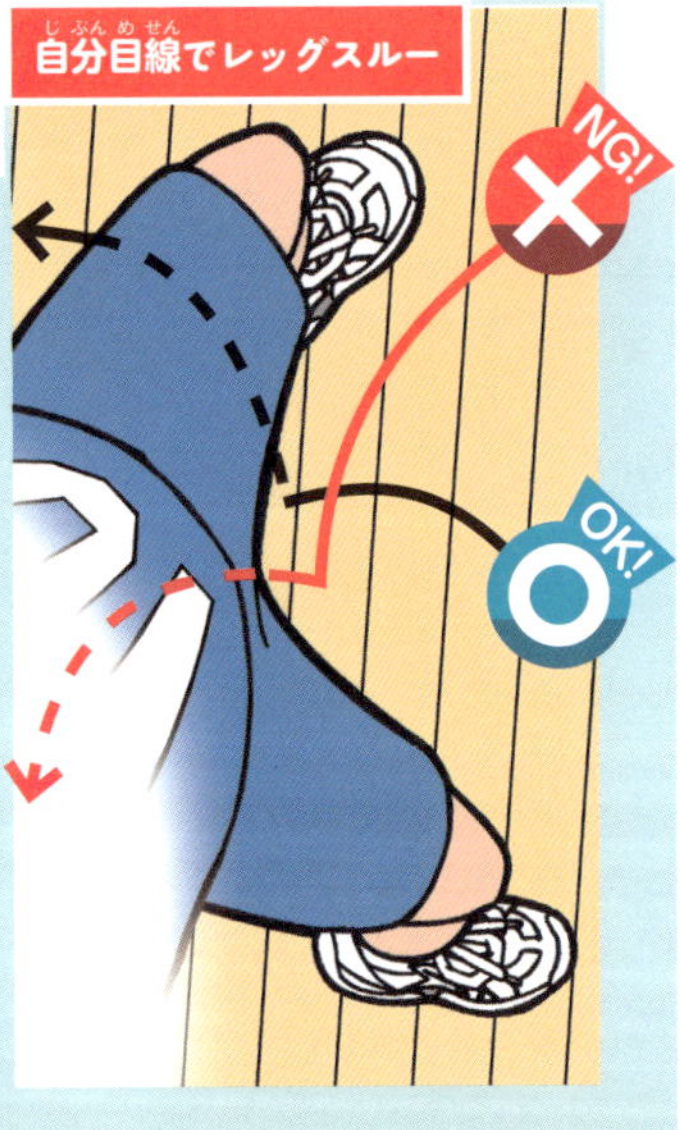

▲ドリブルに対《たい》して、相手《あいて》が手《て》を出《だ》してとろうとしてきました

▲そこで両足《りょうあし》を広《ひろ》げてレッグスルー！

▲相手《あいて》にとられずに、ドリブルを続《つづ》けることができています

Level UP! 17のレベルアップ問題《もんだい》

レッグスルーの長所《ちょうしょ》はわかりましたね。では、レッグスルーの短所《たんしょ》はなんですか？

\ヒント/
hint

試合《しあい》をイメージして、できるだけ素早《すばや》くレッグスルーをしてみるとわかるかもしれません。

答《こた》えがわかったらページをめくってね

Level UP!

レベルアップ問題《もんだい》17の答《こた》え

フットワーク（足《あし》さばき）が難《むずか》しい

▲つま先《さき》が進行方向《しんこうほうこう》に向《む》いていない

なんで

つま先《さき》の向《む》き、両足《りょうあし》を開《ひら》くタイミングなど、注意《ちゅうい》するポイントが多《おお》いから

進行方向《しんこうほうこう》に足《あし》を向《む》けてボールを通《とお》すことが大切《たいせつ》です。そして両足《りょうあし》にボールがぶつかってしまうのは、両足《りょうあし》の開《ひら》きが小《ちい》さいのと、開《ひら》くタイミングや角度《かくど》が合《あ》っていないことが原因《げんいん》です。

▲つま先《さき》が進行方向《しんこうほうこう》に向《む》いている

PO!NT

両足《りょうあし》の開《ひら》きをななめにして「チョキ！」

レッグスルーの両足《りょうあし》の開《ひら》きを覚《おぼ》えるために「グー・グー・チョキ」の練習《れんしゅう》をしましょう。つまり、閉《と》じて、閉《と》じて、開《ひら》いてのタイミングでボールを通《とお》します。その両足《りょうあし》の開《ひら》きを少《すこ》しずつななめにしていくことによってレッグスルーがスムーズにできるようになります。

問題《もんだい》 18
中級《ちゅうきゅう》

『ビハインド・ザ・バック』の長所《ちょうしょ》はなんでしょうか？

▶ビハインド・ザ・バック
背後《はいご》にボールを通《とお》すドリブルのこと

\ヒント/
hint

「バック」は英語《えいご》で「背中《せなか》」という意味《いみ》。「ビハインド」は英語《えいご》で「後《うし》ろ」という意味《いみ》です。さあ、背中《せなか》の後《うし》ろでボールを動《うご》かすとどうなるか考《かんが》えてみよう。

答《こた》えがわかったらページをめくってね

18の答《こた》え

ロールターンのようにボールを守《まも》りながら、フロントチェンジのように視野《しや》が保《たも》たれる

◀ドリブルに対《たい》して、相手《あいて》が手《て》を出《だ》してとろうとしています

◀走《はし》りながらボールを背後《はいご》に移動《いどう》させていき、手《て》のひらを前《まえ》に向《む》けます

◀ボールを強《つよ》く床《ゆか》につきます。逆側《ぎゃくがわ》にボールを持《も》っていき、ドリブルの方向《ほうこう》を変《か》えることができました

POINT

背中《せなか》の後《うし》ろでボールを動《うご》かそう

　このビハインド・ザ・バックもロールターンと同《おな》じように、体《からだ》でボールを守《まも》ることができます。しかも、体《からだ》を前《まえ》に向《む》けるフロントチェンジのように、視野《しや》が保《たも》たれます。つまり、ゴール方向《ほうこう》の状況《じょうきょう》がよくわかるということです。

第《だい》2章《しょう》

どうしてドリブルを使《つか》うの？

Level UP!

18のレベルアップ問題《もんだい》

ビハインド・ザ・バックの長所《ちょうしょ》はわかりましたね。
では、ビハインド・ザ・バックの短所《たんしょ》はなんですか？

＼ヒント／

hint

これまでのチェンジのテクニックとはちがう動《うご》きをする、体《からだ》の部位《ぶい》があります。ディフェンスはボールだけ見《み》ているとは限《かぎ》りません……。

答《こた》えがわかったらページをめくってね

POINT

ビハインド・ザ・バックは「ボディサークル」のイメージ！

ボールをスムーズに背中《せなか》の後《うし》ろに持《も》っていく基《き》本練習《ほんれんしゅう》があります。134ページで紹介《しょうかい》する、おなかのまわりでボールを回《まわ》す練習《れんしゅう》のイメージです。

Level UP!

レベルアップ問題《もんだい》 18の答《こた》え

ディフェンスに読《よ》まれると弱《よわ》い

▼左手《ひだりて》のドリブルに対《たい》して、ディフェンスは右手《みぎて》のほうにいます

▼相手《あいて》が右側《みぎがわ》にいるのに、ビハインド・ザ・バックで左手《ひだりて》から右手《みぎて》に動《うご》かそうとするととられてしまいます

肩《かた》の動《うご》きで
読《よ》まれやすい

なんで？

肩《かた》に注目《ちゅうもく》。やろうとしている ドリブルチェンジが見破《みやぶ》られてしまう

ディフェンスにビハインド・ザ・バックを読《よ》まれると、使《つか》うのが難《むずか》しくなります。ボールを動《うご》かすときに、肩《かた》を背中《せなか》の後《うし》ろに動《うご》かすようなかっこうになるから、どうしても読《よ》まれやすくなりがちですが、それだけに肩《かた》や腕《うで》を柔《やわ》らかく使《つか》い、しかもボールを強《つよ》くつかなければならないのです。

トライ!

ドリブルしてるイメージから
バン

逆側《ぎゃくがわ》のお尻《しり》を「バン」とたたいてみて

ビハインド・ザ・バックの動《うご》きを、ボールを使《つか》わずに行《おこな》ってみましょう。そのときに、逆側《ぎゃくがわ》のお尻《しり》を「バン」とたたくイメージで肩《かた》や腕《うで》や手《て》を動《うご》かしてみてください。手《て》のひらが前《まえ》に向《む》くことによってボールを前《まえ》に、しかも強《つよ》くつけるようになります。

問題《もんだい》 19

中級《ちゅうきゅう》

フロントチェンジしましたが、すぐにディフェンスがコースに入《はい》ってきました。どうしたらいいでしょうか？

このまま進《すす》んだら
ボールを
とられるかも…

ヒント

hint

試合《しあい》ではシュートやパスをすることができるかもしれませんが、それらができるかわからない状況《じょうきょう》なら、ドリブルを続《つづ》けたほうがいいです。

19の答《こた》え ▶ レッグスルーなど別《べつ》のドリブルを連続《れんぞく》して行《おこな》う。これを「ダブルチェンジ」といいます。

なんで

簡単《かんたん》にドリブルを止《と》めるべきではない

近《ちか》くに味方《みかた》がいればパスをしたり、ゴールまでのきょりによっては、自分《じぶん》でシュートをすることができるかもしれません。しかし、それらができそうにない場合《ばあい》は、相手《あいて》にとられないようにしながらドリブルを続《つづ》けることが大切《たいせつ》です。簡《かん》単《たん》にドリブルを止《と》めると、相手《あいて》がプレッシャーをかけやすくなるからです。

トライ!

「ダブルチェンジ」のいろいろ

ほかにもこんな組《く》み合《あ》わせにチャレンジしてみましょう。

フロントチェンジ➡フロントチェンジ
フロントチェンジ➡ビハインド・ザ・バック
レッグスルー　　➡フロントチェンジ
レッグスルー　　➡ビハインド・ザ・バック
⋮

失敗《しっぱい》をおそれず、試合《しあい》で使《つか》ってみましょう！

PO!NT

プレーを組《く》み合《あ》わせることで、さらに力《ちから》を発揮《はっき》できる

一《ひと》つのプレーをして終《お》わりではありません。一《ひと》つのプレーと、別《べつ》のプレーをスムーズに組《く》み合《あ》わせて使《つか》うことによって、ディフェンスの動《うご》きに対応《たいおう》できるようになります。

第《だい》3章《しょう》

どうして パスを使《つか》うの？

「パス」ってなんだ？

バスケットボールはチームスポーツ。チームメイトと協力《きょうりょく》しながら、攻撃《こうげき》するときにはパスを上手《じょうず》に使《つか》うことが大切《たいせつ》なんだ。さあ、番犬《ばんけん》（ディフェンス）にボールをとられないような、正《ただ》しいパスを覚《おぼ》えよう

ディフェンスをさけて仲間《なかま》にボールを渡《わた》す

番犬《ばんけん》（ディフェンス）が近《ちか》くにいっぱいいるときに、ドリブルするのは危険《きけん》です。かこまれてボールをとられてしまうからです。そこで、仲間《なかま》にボールを渡《わた》したいときに使《つか》えるのが「パス」というプレーです。つまり「パス」とは、ボールを投《な》げて仲間《なかま》のところに移動《いどう》させる手段《しゅだん》のことです。ドリブルしながら動《うご》くよりも、ボールを投《な》げたほうが速《はや》く移動《いどう》できますが、投《な》げる側《がわ》だけでなくパスを受《う》ける側《がわ》も工夫《くふう》しなくてはなりません。

初級《しょきゅう》

問題《もんだい》 20

仲間《なかま》がとりやすいパスの位《い》置《ち》はどこでしょうか？

1 頭《あたま》の上《うえ》

目《め》に近《ちか》いからパスを受《う》けやすいような…

2 胸《むね》

ボールが胸《むね》に当《あ》たってはじいてしまいそう…

3 おなかから下《した》

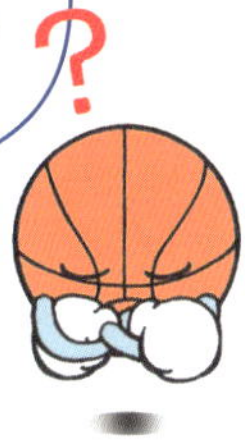

なんだかドッジボールみたい…。バスケットボールも同《おな》じなのかなぁ

\ヒント/ hint

そもそもパスを受《う》ける目的《もくてき》は何《なに》かな？　実際《じっさい》に仲間《なかま》にパスを出《だ》してもらってボールを受《う》けてみたら、きっとわかります。

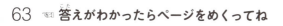

20の答《こた》え 2 胸《むね》

なんで

次《つぎ》のプレーに移《うつ》りやすいパスを出《だ》そう

パスを受《う》けた選手《せんしゅ》が次《つぎ》のプレーにすぐに移《うつ》りやすいからです。胸《むね》にしっかりと届《とど》く、このようなパスを「ストライクパス」といいます。ストライクパスでないと、次《つぎ》のプレーをする前《まえ》にディフェンスが近寄《ちかよ》ってきてしまいます。シュートチャンスは一瞬《いっしゅん》しかないことを覚《おぼ》えておきましょう。

トライ!

「指押《ゆびお》しトレーニング」をやってみよう

ストライクパスを出《だ》すには、指《ゆび》の力《ちから》が必要《ひつよう》です。左右両手《さゆうりょうて》の5本《ほん》の指《ゆび》をそれぞれ合《あ》わせて、押《お》し合《あ》ってみてください。そのように指《ゆび》のトレーニングをくり返《かえ》すことによって、強《つよ》いパスの感覚《かんかく》がつかみやすくなります。

POINT

ムダな動《うご》きを省《はぶ》くことが大切《たいせつ》

頭《あたま》の上《うえ》でパスを受《う》けると、ボールを一度下《いちどさ》げてからシュートを打《う》つことになりますよね。だから1（顔《かお》）は不正解《ふせいかい》。また、ドッジボールが得意《とくい》であれば、おなかから下《した》でパスを受《う》けたいかもしれないけれど、そこからシュートを打《う》つのにも時間《じかん》がかかってしまいます。

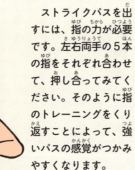

問題《もんだい》 21 初級《しょきゅう》

『チェストパス』を出《だ》した直後《ちょくご》の姿勢《しせい》です。正《ただ》しいのはどれでしょうか？

胸《むね》からまっすぐパスを出《だ》すのがポイントだね

1 両手《りょうて》を左右《さゆう》に大《おお》きく開《ひら》く

2 両手《りょうて》を上下《じょうげ》にずらす

3 両手《りょうて》をくっつける

『チェスト』は英語《えいご》で『胸《むね》』という意味《いみ》だよ

▶チェストパス
自分《じぶん》の胸《むね》から出《だ》すパスのこと

＼ヒント／ hint

試合《しあい》では、ボールが床《ゆか》と平行《へいこう》に動《うご》くような強《つよ》いパスが必要《ひつよう》になります。そのためにはどんなかっこうになるかな。実際《じっさい》に写真《しゃしん》の動《うご》きをしてみるとわかるかも。

21の答《こた》え ▶ 3 両手《りょうて》をくっつける

POINT

ちょうちょうが羽根《はね》をたたむ瞬間《しゅんかん》をイメージ！

両手《りょうて》の人《ひと》さし指《ゆび》でボールの中心《ちゅうしん》を押《お》すとき、ちょうちょうが羽根《はね》をたたむ瞬間《しゅんかん》をイメージしましょう。両手《りょうて》が開《ひら》かないように心《こころ》がけてください。

なんで

人《ひと》さし指《ゆび》でボールの中心《ちゅうしん》を押《お》すため

強《つよ》いパスを出《だ》すために、両手《りょうて》の甲《こう》がくっつくかっこうになります。このように両手《りょうて》をひねるような動《うご》きは「回《かい》内《ない》」といいます。わかりやすくいうと、親指《おやゆび》を上《うえ》に向《む》けた状態《じょうたい》から下《した》に向《む》けるような動《うご》きになります。この回内《かいない》を意識《いしき》してチェストパスを出《だ》すことによって、人《ひと》さし指《ゆび》でボールの中心《ちゅうしん》を押《お》すことができ、正確《せいかく》なパスになるのです。

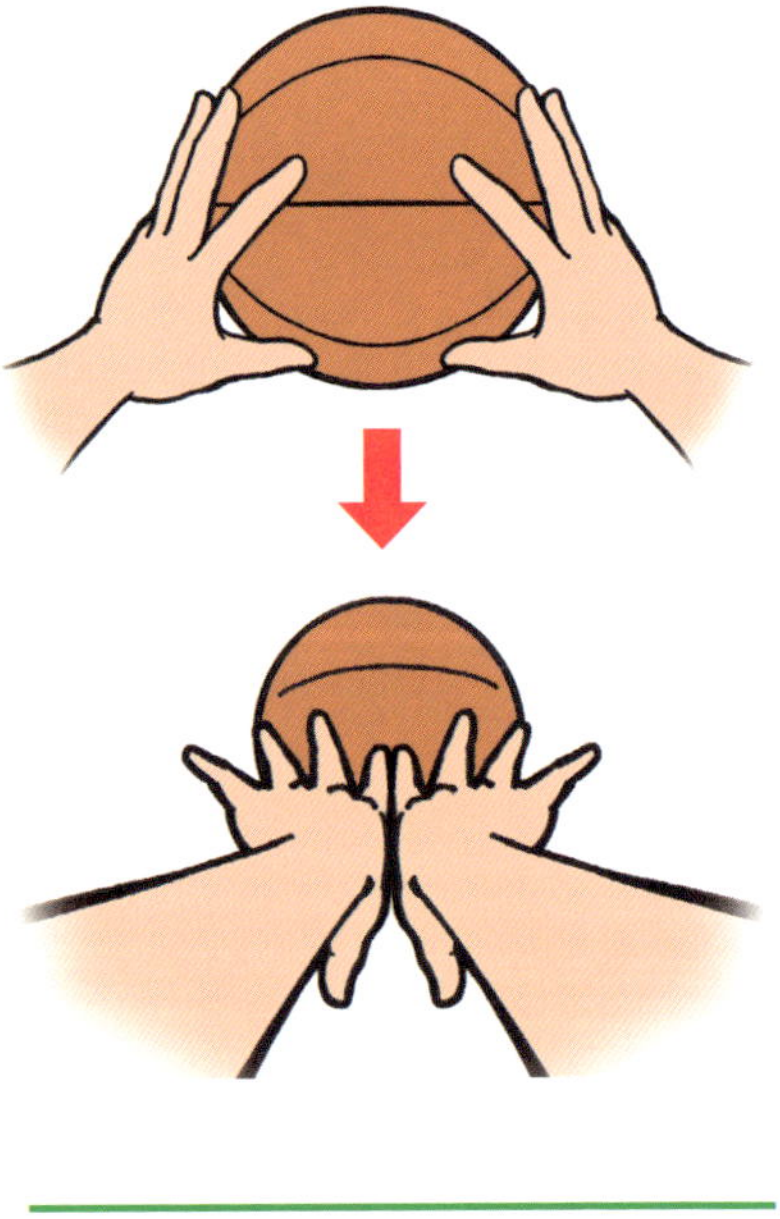

トライ!

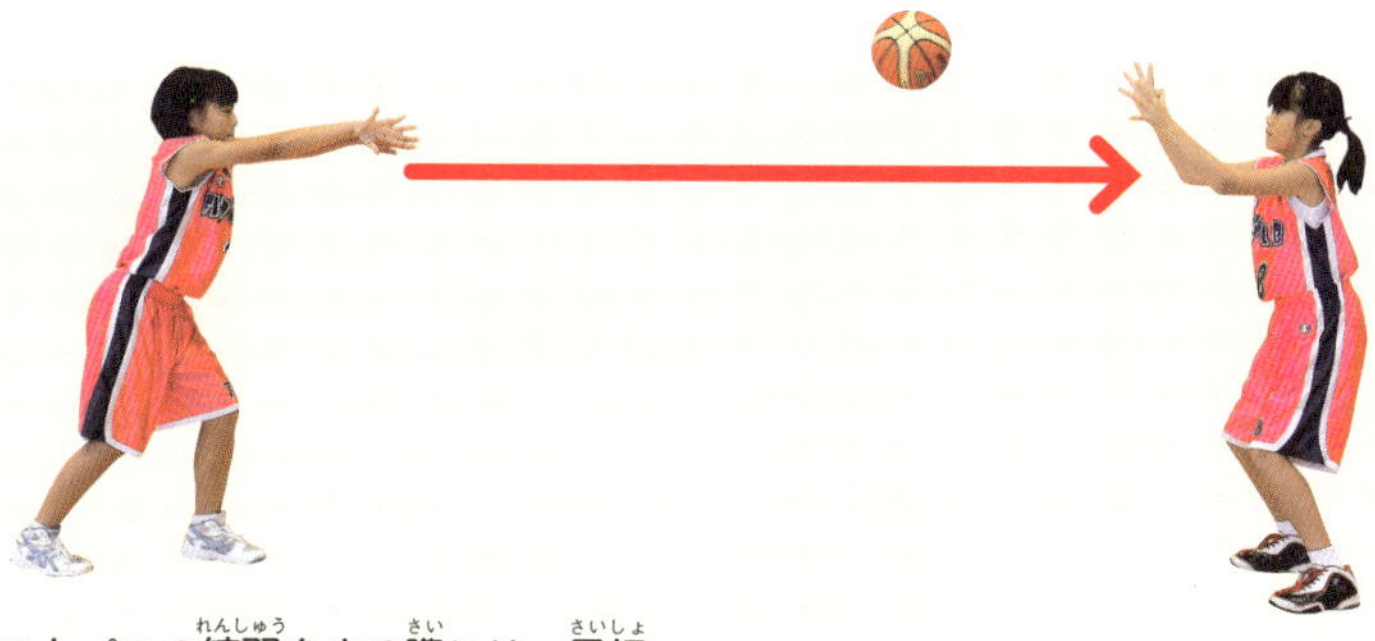

少《すこ》しずつきょりを広《ひろ》げよう

2人《ふたり》組《ぐみ》でチェストパスの練習《れんしゅう》をする際《さい》には、最初《さいしょ》は5mくらいで行《おこな》い、少《すこ》しずつきょりを遠《とお》くしていきましょう。うまくなると、サイドラインから逆側《ぎゃくがわ》のサイドラインまでボールが床《ゆか》と平行《へいこう》に動《うご》くような強《つよ》いパスが出《だ》せるようになりますよ。

▶サイドライン
コートの一番外側《いちばんそとがわ》に引《ひ》かれている、長《なが》い線《せん》

ボールが進《すす》む方向《ほうこう》

1 無回転《むかいてん》

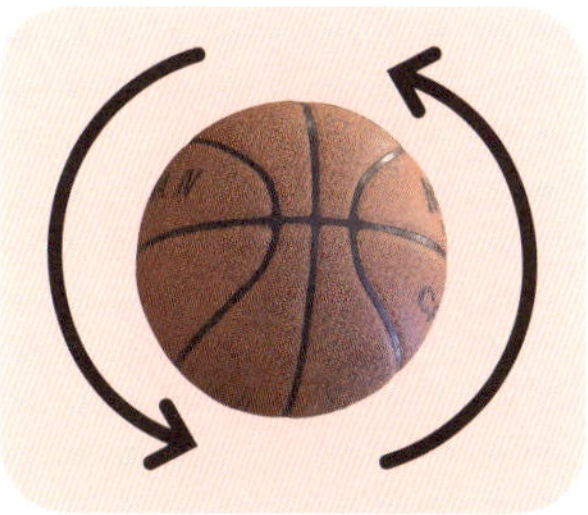

2 逆回転《ぎゃくかいてん》

3 順回転《じゅんかいてん》

Level UP!
21のレベルアップ問題《もんだい》

質《しつ》の高《たか》いパスはどれでしょうか？

ヒント hint

パスだけでなく、別《べつ》のプレーでもこの回転《かいてん》になりますよ。もう、わかったかな？

答《こた》えがわかったらページをめくってね

Level UP!

レベルアップ問題《もんだい》21の答《こた》え

2

逆回転《ぎゃくかいてん》

なんで

強《つよ》いパスを出《だ》しやすいから

ずばり、強《つよ》いパスを出《だ》しやすいからなのです。この逆回転《ぎゃくかいてん》を「バックスピン」といいますが、ボールに回転《かいてん》がかかると、ボールの動《うご》きが安定《あんてい》します。無回転《むかいてん》だとぶれることがあり、仲間《なかま》はパスを受《う》けにくくなります。ちなみにシュートを打《う》つときにも、ボールがリングに吸《す》いこまれやすいようにバックスピンをかけるのが基本《きほん》です。

トライ!

バックスピンを確認《かくにん》!

自分《じぶん》がパスしたボールにバックスピンがかかっているか確認《かくにん》する方法《ほうほう》があります。また、ボールにテープをはって出《だ》すと、ボールの回転《かいてん》がひと目《め》でわかりますよ。パスやシュート練習《れんしゅう》で試《ため》してみてください。

やりかた

1 ボールを準備《じゅんび》して、まわりに人《ひと》がいないことを確認《かくにん》します

2 ななめ上《うえ》に向《む》かってパスを出《だ》してみましょう。両手《りょうて》の甲《こう》を合《あ》わせることを忘《わす》れずに

3 バックスピンがかかったボールは、床《ゆか》に落《お》ちたあと、自分《じぶん》のほうに転《ころ》がってきます

問題《もんだい》 22

初級《しょきゅう》

胸《むね》でパスを受《う》けるときの姿勢《しせい》はどのようなかっこうになりますか？

1 おにぎり

2 おばけ

3 前《まえ》ならえ

ヒント hint

仲間《なかま》にパスを出《だ》してもらい、それを胸《むね》の前《まえ》で受《う》けてみましょう。そして手《て》を動《うご》かさず、そのボールを前《まえ》にポロッと落《お》としてみてください。どんなかっこうになっていますか？

22の答《こた》え

1

おにぎり

なんで

ボールの勢《いきお》いを しっかり 止《と》められるから

ボールがすっぽり両手《りょうて》におさまり、ボールの勢《いきお》いをしっかりと止《と》めることができるからです。手《て》のひらをボールに向《む》けることが大切《たいせつ》で、おばけのように手《て》が下《さ》がっていたり、前《まえ》ならえのように指先《ゆびさき》が前《まえ》に出《で》ていたら、つき指《ゆび》してしまいます。まねしないでくださいね。

POINT

シュートを打《う》ちやすいところにボールを動《うご》かす

両手《りょうて》でおにぎりをつくって確実《かくじつ》にパスを受《う》けられるようになったら、そのボールをシュートが打《う》ちやすいところに動《うご》かしてみましょう。試合《しあい》ではそのように、なんでもできる姿勢《しせい》をとることが大切《たいせつ》です。

トライ!

素早《すばや》くパスを受《う》ける姿勢《しせい》をとれるようになる練習《れんしゅう》を二《ふた》つ紹介《しょうかい》しましょう。

あおむけキャッチは自宅《じたく》でもできます。空《あ》いている時間《じかん》をうまくいかせるように、工夫《くふう》しながら練習《れんしゅう》を行《おこな》うようにしましょう。

「あおむけボールキャッチ」をやってみよう！

やりかた

1 練習《れんしゅう》する選手《せんしゅ》Ⓐは、床《ゆか》にあおむけになり、腕《うで》を体《からだ》の横《よこ》においておきます

2 パートナーⒷに、ボールを胸《むね》の上《うえ》に落《お》としてもらいます

3 Ⓐはボールが胸《むね》に当《あ》たらないように素早《すばや》く「おにぎり」の手《て》の形《かたち》でキャッチします

Level UP! 22のレベルアップ問題《もんだい》

仲間《なかま》からのパスが横《よこ》にずれました。あなたなら次《つぎ》の3つのうち、どうしますか？

1. **仲間《なかま》に注意《ちゅうい》する**
2. **無理《むり》だとわかっていても両手《りょうて》でとろうとする**
3. **片手《かたて》でボールを止《と》めることを最優先《さいゆうせん》する**

「反応《はんのう》キャッチ」をやってみよう！

やりかた

1 Ⓐは両手《りょうて》を体《からだ》の後《うし》ろにおいて待《ま》ちます
2 Ⓑは合図《あいず》をせずにⒶにチェストパスを出《だ》します
3 Ⓐは素早《すばや》く両手《りょうて》を体《からだ》の前《まえ》に出《だ》してパスを受《う》けます
4 最初《さいしょ》はゆっくりとしたパス・遠《とお》いきょり（3～4mくらい）から始《はじ》めて、じょじょに速《はや》いパス・近《ちか》いきょり（1.5mくらい）にしていきましょう

Level UP!

レベルアップ問題《もんだい》22の答《こた》え

3

片手《かたて》でボールを止《と》めることを最優先《さいゆうせん》する

① 片手《かたて》で止《と》める

② 下《した》にはじく

POINT

①片手《かたて》で止《と》める
②下《した》にはじく

両手《りょうて》でボールを受《う》けとれないのであれば、片手《かたて》でボールの勢《いきお》いを止《と》めることが最優先《さいゆうせん》です。片手《かたて》でキャッチしてもいいですが、ディフェンスがそばにいなければ、下《した》にはじくという方法《ほうほう》もあります。そうすることで、一度《いちど》キャッチしてからドリブルへと移《うつ》ることができるからです。

ただし、片手《かたて》ではじく行為《こうい》が審判《しんぱん》に「コントロールした」とみなされると、ダブルドリブルとなってしまうので注意《ちゅうい》しましょう。

問題《もんだい》 23

中級《ちゅうきゅう》

写真《しゃしん》のような状況《じょうきょう》で仲間《なかま》にパスをするには、どこからパスを出《だ》せばいいでしょうか？

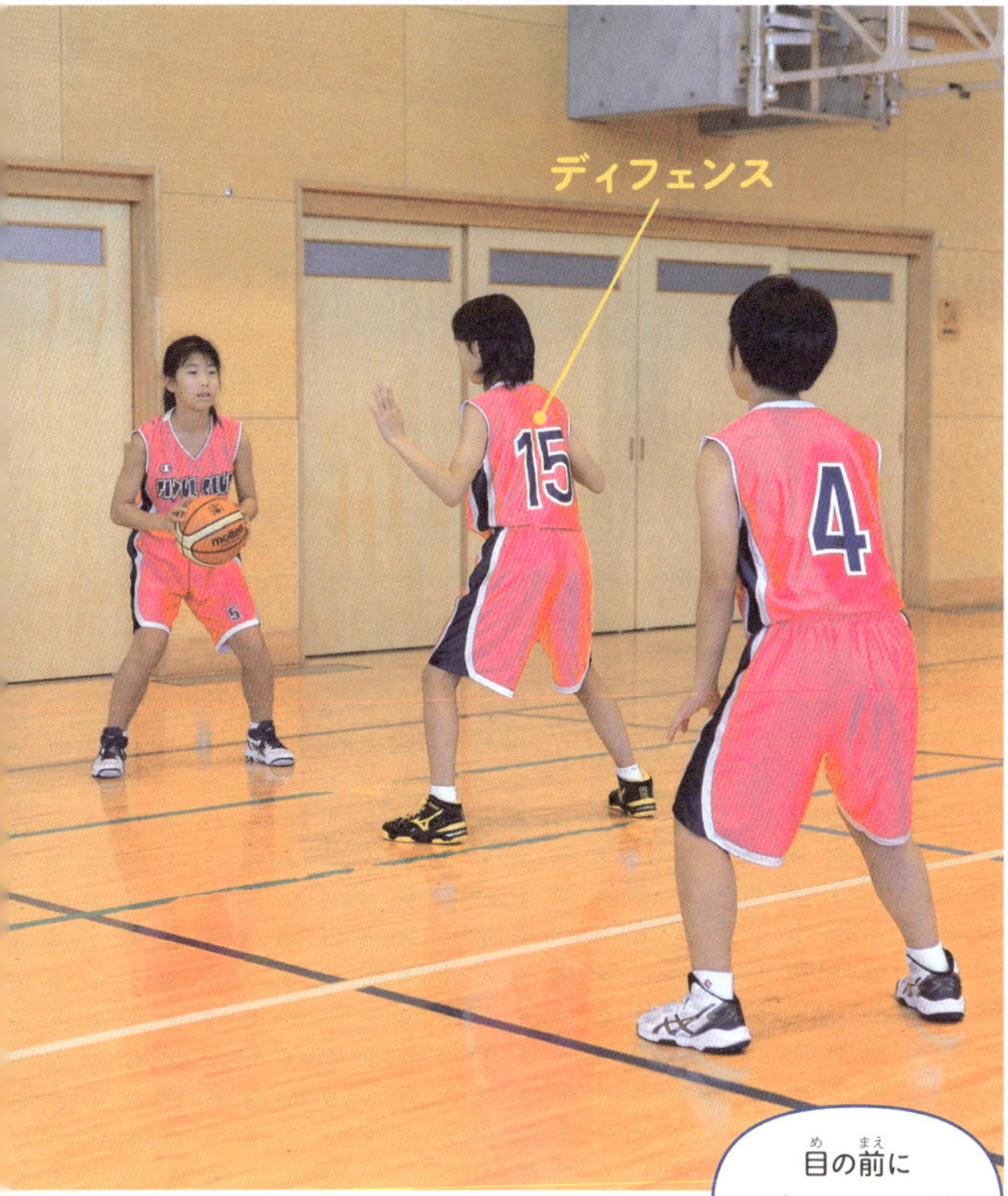

1 腰《こし》の横《よこ》

2 体《からだ》の中心《ちゅうしん》

3 背中側《せなかがわ》

hint《ヒント》

どこからパスを出《だ》せば、ディフェンスにとられないでボールが仲間《なかま》に届《とど》くかな？

23の答《こた》え ▶ 1 腰《こし》の横《よこ》

なんで

相手《あいて》の手《て》が届《とど》かないところからパスを出《だ》すため

自分《じぶん》の胸《むね》のところから出《だ》すチェストパスだとディフェンスにぶつかってしまうからです。腰《こし》の横《よこ》から出《だ》すこのパスはボールをズボンのポケットのところに持《も》っていくような動《うご》きをするので、「ポケットパス」と呼《よ》ばれています。ポケットパスを使《つか》うとき、相手《あいて》の手《て》があるところにパスするととられてしまうので気《き》をつけましょう。

◀目《め》の前《まえ》にディフェンスがいます

◀ボールを横《よこ》にずらします

◀ポケットパスを出《だ》します

POINT

ボールを横《よこ》にずらすと、とられにくくなる

間合《まあ》いがせまいときにも、このポケットパスが使《つか》えます。ボールを横《よこ》にずらさずにパスを出《だ》そうとすると赤《あか》い矢印《やじるし》のようになります。しかし、横《よこ》にずらすと青《あお》い矢印《やじるし》のように、ディフェンスとのきょりが遠《とお》くなり、とられにくくなります。そのときにシュートのように、手首《てくび》のしわ（30ページ）をつくるようにしてください。

「うちわパス」をやってみよう!

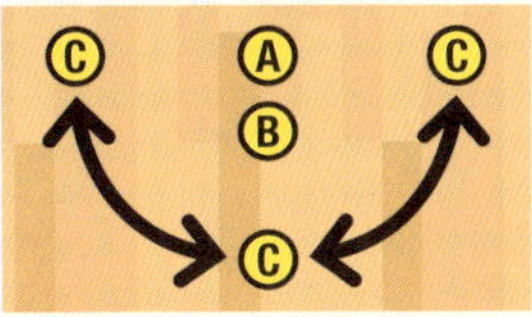

ポケットパスが上手《じょうず》になる練習《れんしゅう》を紹介《しょうかい》しましょう。パスを受《う》ける選手《せんしゅ》の動《うご》きを上《うえ》から見《み》ると、うちわのようになっていることから「うちわパス」と呼《よ》んでいます。時間《じかん》やパスの本《ほん》数《すう》を決《き》めて、交代《こうたい》で行《おこな》ってください。

やりかた

1. 3人一組《にんひとくみ》になり、1人《ひとり》がボールを持《も》ちⒶ、その前《まえ》にディフェンスⒷが立《た》ちます
2. パスを受《う》ける選手《せんしゅ》Ⓒは、扇形《おうぎがた》に動《うご》きます
3. ⒶとⒸは、息《いき》を合《あ》わせてパス出しとキャッチを行《おこな》います。キャッチできるように。ⒷはⒶをマークした状態《じょうたい》のままじゃましましょう

1 目《め》の前《まえ》にディフェンスがいます
2 パスを受《う》けるパートナーが動《うご》きます
3 ポケットパスを出《だ》します

トライ!

制限区域《せいげんくいき》で行《おこな》う「忍者《にんじゃ》パス」をやってみよう!

パスの受《う》け方《かた》が上手《じょうず》になるように、「忍者《にんじゃ》パス」を紹介《しょうかい》しましょう。なぜ「忍者《にんじゃ》パス」と呼《よ》ぶのかというと、ボールを素早《すばや》く動《うご》かし、受《う》ける側《がわ》も忍者《にんじゃ》のように素早《すばや》く動《うご》くからです。時間《じかん》やパスの本数《ほんすう》を決《き》めて、交代《こうたい》で行《おこな》ってください。

やりかた

1 3人一組《にんひとくみ》になり、制限区域《せいげんくいき》に入《はい》ります
2 1人《ひとり》がボールを持《も》ちⒶ、その前《まえ》にディフェンスⒷが立《た》ちます
3 もう1人《ひとり》Ⓒがパスを受《う》けられるところに動《うご》いて、ボールをもらいます
4 Ⓒはディフェンスの手《て》をかわす練習《れんしゅう》をするために、Ⓑがボールにタッチするまで待《ま》ちましょう
5 Ⓐもすぐに、パスを受《う》けられるところに動《うご》きましょう

1 制限区域《せいげんくいき》に3人《にん》が入《はい》り、1人《ひとり》がディフェンスになります
2 ポケットパスを出《だ》します
3 パスを出《だ》した選手《せんしゅ》も動《うご》きます
7 ポケットパスを受《う》けます

問題《もんだい》

24

上級《じょうきゅう》

確実《かくじつ》にパスを受《う》けて、シュートチャンスをつくろうと思《おも》っているとき、どこでパスを受《う》けるのがいいでしょうか？

1 ディフェンスがいても、できるだけゴールに近《ちか》く

2 ディフェンスがいるから、できるだけゴールから遠《とお》く

3 1と2の中間《ちゅうかん》

ヒント

hint

問題《もんだい》の文章《ぶんしょう》をよく読《よ》んでね。パスを受《う》ける場所《ばしょ》を示《しめ》すキーワードが二《ふた》つ隠《かく》れているよ。

答《こた》えがわかったらページをめくってね

24の答《こた》え ▶ 3 1と2の中間《ちゅうかん》

3

ディフェンスにとられず、シュートにも移《うつ》れるところでパスを受《う》けます

1 ディフェンスに近《ちか》いとボールをとられてしまいます

2 ゴールからはなれると、すぐに攻撃《こうげき》をしかけることができません

なんで

キーワードは「確実《かくじつ》に」「チャンスをつくる」

「確実《かくじつ》に」パスを受《う》けられて、しかも「シュートチャンスをつくる」という目的《もくてき》にかなっているから3が正解《せいかい》です。1でパスを受《う》けたほうがゴールに近《ちか》いけど、ディフェンスにも近《ちか》いのでボールをとられやすい。逆《ぎゃく》に2だと、ゴールから極端《きょくたん》にはなれるかっこうになるので、シュートチャンスをつくるのが難《むずか》しくなってしまうんです。

問題《もんだい》
25
上級《じょうきゅう》

自分《じぶん》がボールを持《も》っていて、パスを出《だ》したい選手《せんしゅ》が猛《もう》スピードで走《はし》っています。どこをねらえば、パスが通《とお》りますか？

1 さっきまでいたところ

2 今《いま》いるところ（体《からだ》の正面《しょうめん》）

3 これから向《む》かうところ（走《はし》る方向《ほうこう》）

＼ヒント／
hint

パスを受《う》けようとする選手《せんしゅ》はどうして走《はし》っているのかを考《かんが》えてみましょう。

25の答《こた》え ▶ 3 これから向《む》かうところ（走《はし》る方向《ほうこう》）

なんで

走《はし》っているスピードをいかすために「未来《みらい》に」パス

攻撃《こうげき》しているときに走《はし》っているのは、ディフェンスとのきょりを広《ひろ》げるためです。したがってスピードをいかすために、走《はし》る方向《ほうこう》に出《だ》すわけです。わかりやすくいうと、「1秒先《びょうさき》にパスする」または「未来《みらい》にパスする」ということです。そうすることでパスを受《う》けた選手《せんしゅ》は走《はし》る動作《どうさ》を止《と》めずに、次《つぎ》のプレーへと流《なが》れていくことができます。

1と2は動《うご》きを止《と》めたり、もどったりしないとパスを受《う》けられません。ミスにつながりやすいため不正解《ふせいかい》です。

トライ!

「パス鬼《おに》ごっこ」をやってみよう！

動《うご》く選手《せんしゅ》（受《う》け手《て》）のタイミングに合《あ》わせるパスが上手《じょうず》になる練習《れんしゅう》を紹介《しょうかい》しましょう。「パス鬼《おに》ごっこ」です。ボールでタッチされたら交代《こうたい》しますが、あらかじめ次《つぎ》に逃《に》げる選手《せんしゅ》の順番《じゅんばん》を決《き》めておきましょう。必《かなら》ずボールを持《も》ってタッチし、ボールを投《な》げて当《あ》てないようにしてください。

やりかた

1　4人一組《にんひとくみ》になり、制限区域《せいげんくいき》に入《はい》ります
2　パス交換《こうかん》する3人《にん》（鬼《おに》）にボールでタッチされないように、もう1人《ひとり》の選手《せんしゅ》が逃《に》げます
3　鬼《おに》はドリブルなしで、味方《みかた》と相手《あいて》の動《うご》きをはあくして、素早《すばや》いパスをしましょう

第《だい》4章《しょう》

3つのプレーを上手《じょうず》に使《つか》うには？

シュート、ドリブル、パス。スムーズにつなげるためには？

3つのプレーをつなぐさまざまな基本技術《きほんぎじゅつ》

シュートが決《き》まるようになりましたか？　ミスせずドリブルできるようになりましたか？　仲間《なかま》にパスが出《だ》せるようになりましたか？　「全部《ぜんぶ》、できるようになった」と目《め》をかがやかせている子《こ》もいるのでは？

でも強《つよ》い相手《あいて》に勝《か》つためには、覚《おぼ》えなくてはならないことがまだあります。それはドリブルからシュートを打ったり、パスを受《う》けてシュートやドリブルするなど、次《つぎ》のプレーがスムーズにできるようになるための基本《きほん》です。この4章《しょう》では、少《すこ》しずつルールも交《まじ》えながら、試合《しあい》で通用《つうよう》するプレーを身《み》につけていきましょう。

問題《もんだい》
26
初級《しょきゅう》

正《ただ》しいトリプルスレットの姿勢《しせい》はどれでしょうか?

1

2

3

4

よく見《み》ると
足《あし》のはばもちがうなあ

▶トリプルスレット

ボールを持《も》ったときの基本姿勢《きほんしせい》は『トリプルスレット』といいます。シュート、ドリブル、パス、どれもすぐにできる姿勢《しせい》です

ヒント
hint

次《つぎ》のプレーがスムーズにできるのはどの姿勢《しせい》かな?

パス
ドリブル
シュート

答《こた》えがわかったらページをめくってね

なんで

次の攻撃をすぐにできる姿勢だから

シュート！ ドリブル！ パス！ 次になんでもできる姿勢が「トリプルスレット」だからです。🚩1はボールを高く持ちすぎ、🚩2はかがみすぎ、🚩4は重心が高すぎるので×です。

ちなみに、「トリプルスレット」を日本語にすると「三重の脅威」。相手にとっては、シュート、ドリブル、パスに警戒しなければならないのでこの名前がついたといわれています。

26の答え▼

3

[ヒザと腰]
「イナズマ」になるように曲げる

[ボール]
胸のあたりで持って構える

[顔]
相手の動きが見えるようにあげる

[足先]
ゴールに向ける

[両足]
すぐに動き出せるように適度に開く

 POINT

横から見ると「イナズマ」になる！

ヒザや腰を曲げると、体が「イナズマ」のように見えます。まっすぐ立っていたり、かがみすぎたりすると、イナズマにならないので注意してください。

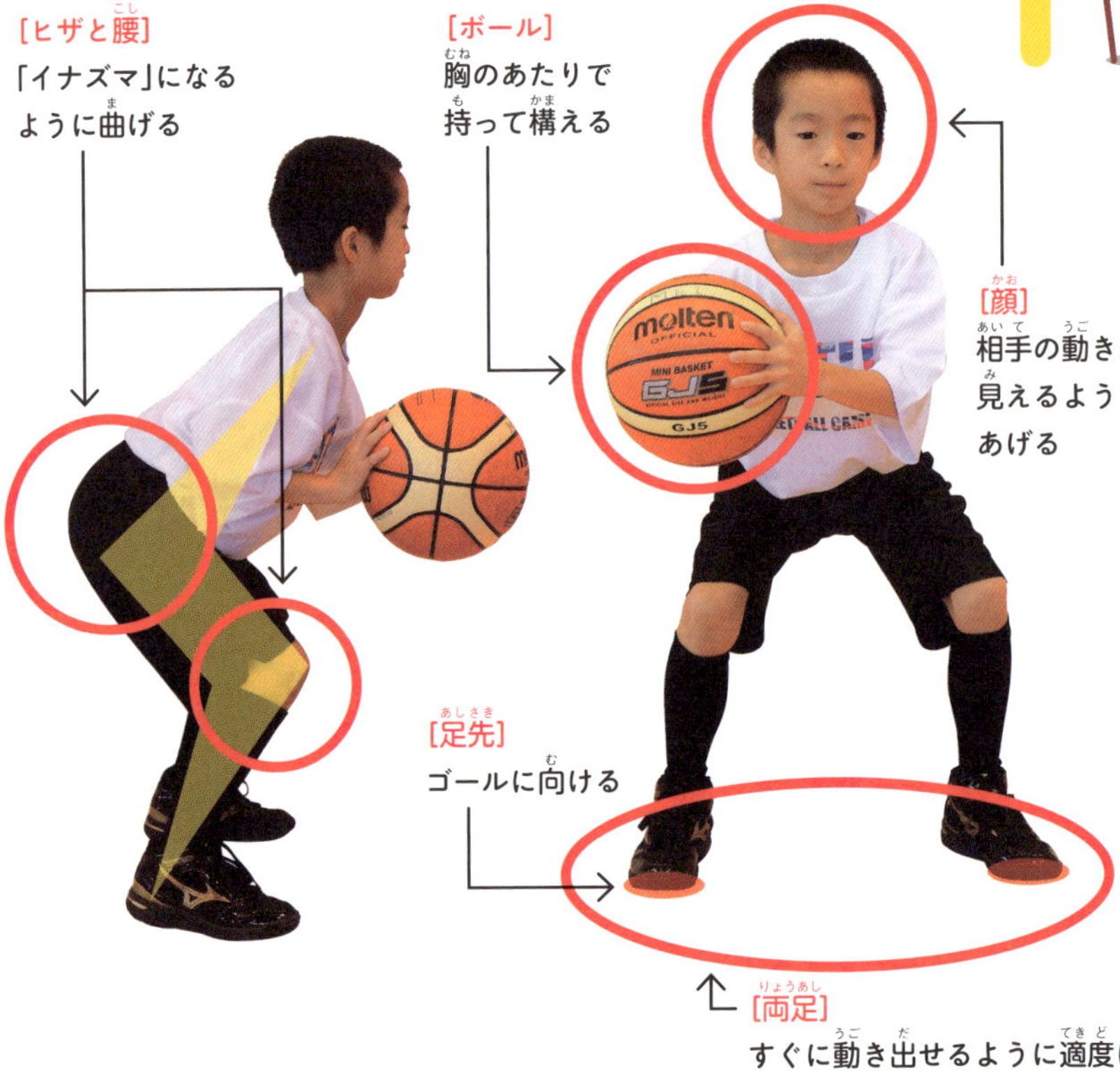

問題《もんだい》 27
初級《しょきゅう》

相手《あいて》ディフェンスがプレッシャーをかけてきたので、ドリブルを止《と》めてしまいました。このままの体勢《たいせい》では、シュートもパスもできません。どうしたらいいでしょうか?

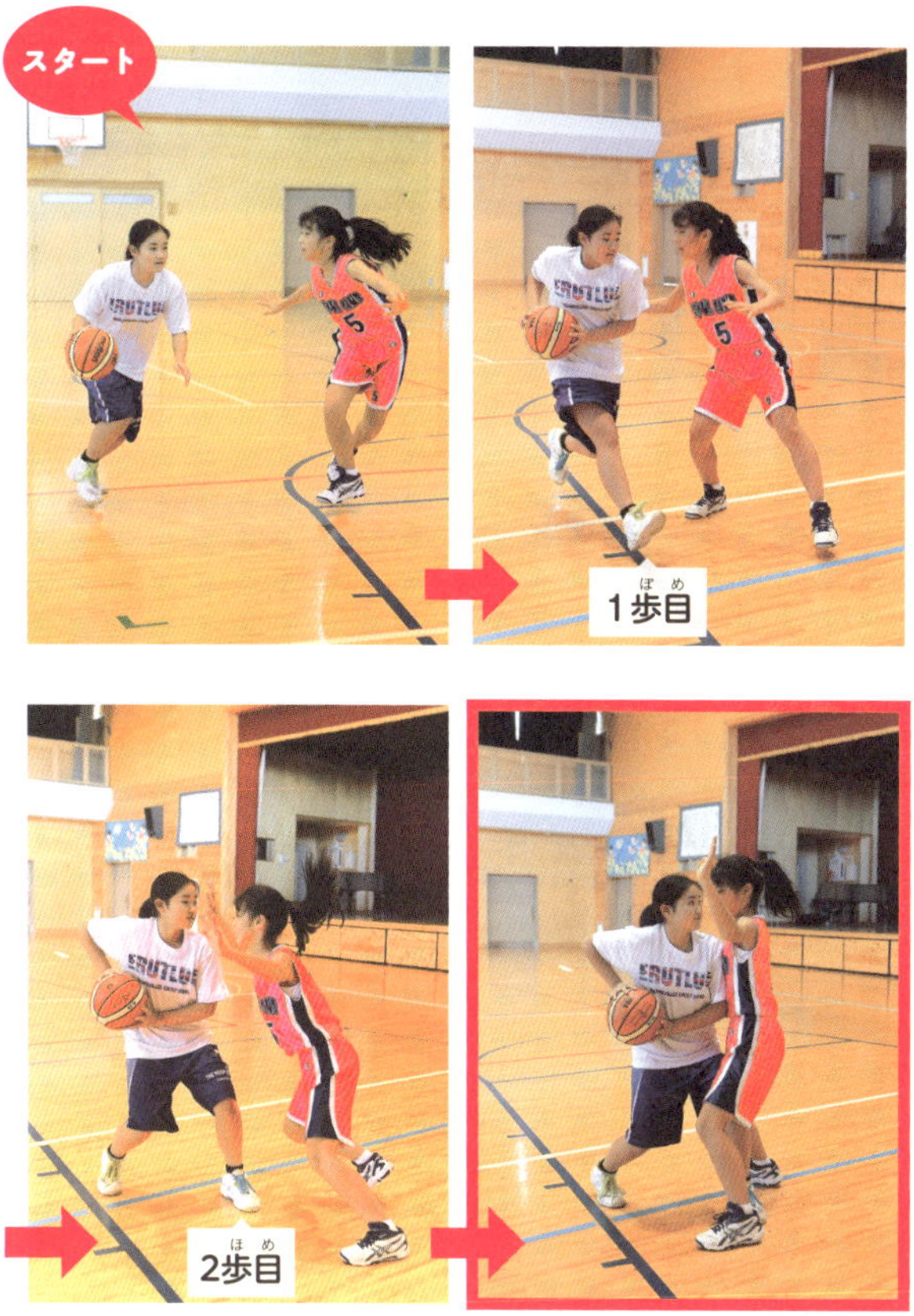

1. ずっとボールを振《ふ》り続《つづ》ける
2. 1歩目《ほめ》についた右足《みぎあし》を動《うご》かす
3. 2歩目《ほめ》についた左足《ひだりあし》を動《うご》かす

\ヒント/
hint

このようなシーンでは、「ピボット」というテクニックを使《つか》います。そしてそのピボットは、みなさんが勉強《べんきょう》で使《つか》ったことがある道具《どうぐ》に似《に》ています。さあ、何《なに》かな?

27の答《こた》え

▼ 3

2歩目《ほめ》についた左足《ひだりあし》を動《うご》かす

軸足《じくあし》

▲右足《みぎあし》を軸足《じくあし》にピボットを踏《ふ》みます

▲左足《ひだりあし》を動《うご》かしていきます

▶ボールを大《おお》きく動《うご》かしながらまわりをよく見《み》ます

なんで

まわりをよく見《み》ながら攻撃《こうげき》をしかけるため

ピボットフット（軸足《じくあし》）である片足《かたあし》を床《ゆか》からはなさないようにしながら、2歩目《ほめ》についた逆足《ぎゃくあし》を動《うご》かしましょう。そうすることで「コンパス」のように360度《ど》回転《かいてん》でき、まわりをよく見《み》ることができます。つまり、いろいろなパスコースができるのです。その動《うご》きにディフェンスがつられれば、シュートを打《う》つチャンスができるかもしれません。

コンパスは
円《えん》をかく道具《どうぐ》だよ
算数《さんすう》で
使《つか》ったこと
あるー！
5

PO!NT

オーバータイムに注意《ちゅうい》しよう

軸足《じくあし》をはなさずにピボットを踏《ふ》めば、ボールを大《おお》きく動《うご》かすことができます。それによってディフェンスからボールをとられず、攻撃《こうげき》を続《つづ》けられるのです。ただし5秒以上《びょういじょう》ボールを持《も》ったままだと「オーバータイム（反則《はんそく》）」をとられ、相手《あいて》ボールになってしまうので気《き》をつけてください。

▶オーバータイム

ここでいう「オーバータイム」は5秒《びょう》ルールのこと。1人《ひとり》の選手《せんしゅ》が5秒《びょう》以上《いじょう》ボールを持《も》っているととられる反則《はんそく》

トライ! 「くぎさし鬼《おに》(ピボット鬼《おに》)」をやってみよう!

▲ボールも大《おお》きく動《うご》かします

▲くぎがささっているイメージでピボットを踏《ふ》みます

▲鬼《おに》にさわられないようにします

ピボットがうまくなる練習《れんしゅう》を紹介《しょうかい》しましょう。「くぎさし鬼《おに》」です。この練習《れんしゅう》をすることで、床《ゆか》からはなしてはならない「軸足《じくあし》」と、自由《じゆう》に動《うご》かせる足《あし》の使《つか》い方《かた》が覚《おぼ》えられます。

やりかた

1 2人《ふたり》一組《ひとくみ》になり、1人《ひとり》Ⓐがボールを持《も》ちます
2 Ⓐはできるだけリングを見《み》てピボットを踏《ふ》み、相手《あいて》Ⓑにボールにさわられないようにします
3 Ⓐが10秒間《びょうかん》ボールを守《まも》ったらⒶの勝《か》ち、ⒷがボールにタッチしたらⒷの勝《か》ちです
4 勝負《しょうぶ》がついたら交代《こうたい》して行《おこな》いましょう

Level UP! 27のレベルアップ問題《もんだい》

ここからもっとも確実《かくじつ》にシュートを決《き》めるにはどうすればいいでしょうか?

1 ゴール方向《ほうこう》にピボットを踏《ふ》む
2 まっすぐ上《うえ》にジャンプしてシュートを打《う》つ
3 後《うし》ろに下《さ》がりながらシュートを打《う》つ

\ヒント/ hint
キーワードは「確実《かくじつ》に」です。

答《こた》えがわかったらページをめくってね

Level UP!

レベルアップ問題《もんだい》 27の答《こた》え

1 ゴール方向《ほうこう》にピボットを踏《ふ》む

なんで

ゴールに近《ちか》いほうが確実《かくじつ》だから

ゴールに近《ちか》いシュートのほうが確実《かくじつ》だからです。近《ちか》いほうがいい理由《りゆう》は10ページで説明《せつめい》しましたね。2と3はシュートが決《き》まる確率《かくりつ》が下《さ》がってしまうので不正解《ふせいかい》です。

ピボットで足《あし》を引《ひ》いたときに、相手《あいて》ディフェンスがその動《うご》きにつられる場合《ばあい》があります。すると、ゴールへのコースが空《あ》くのです。コースが空《あ》いたらすぐさまゴール方向《ほうこう》にピボットを踏《ふ》んで、近《ちか》いきょりから確実《かくじつ》にシュートを決《き》めましょう。

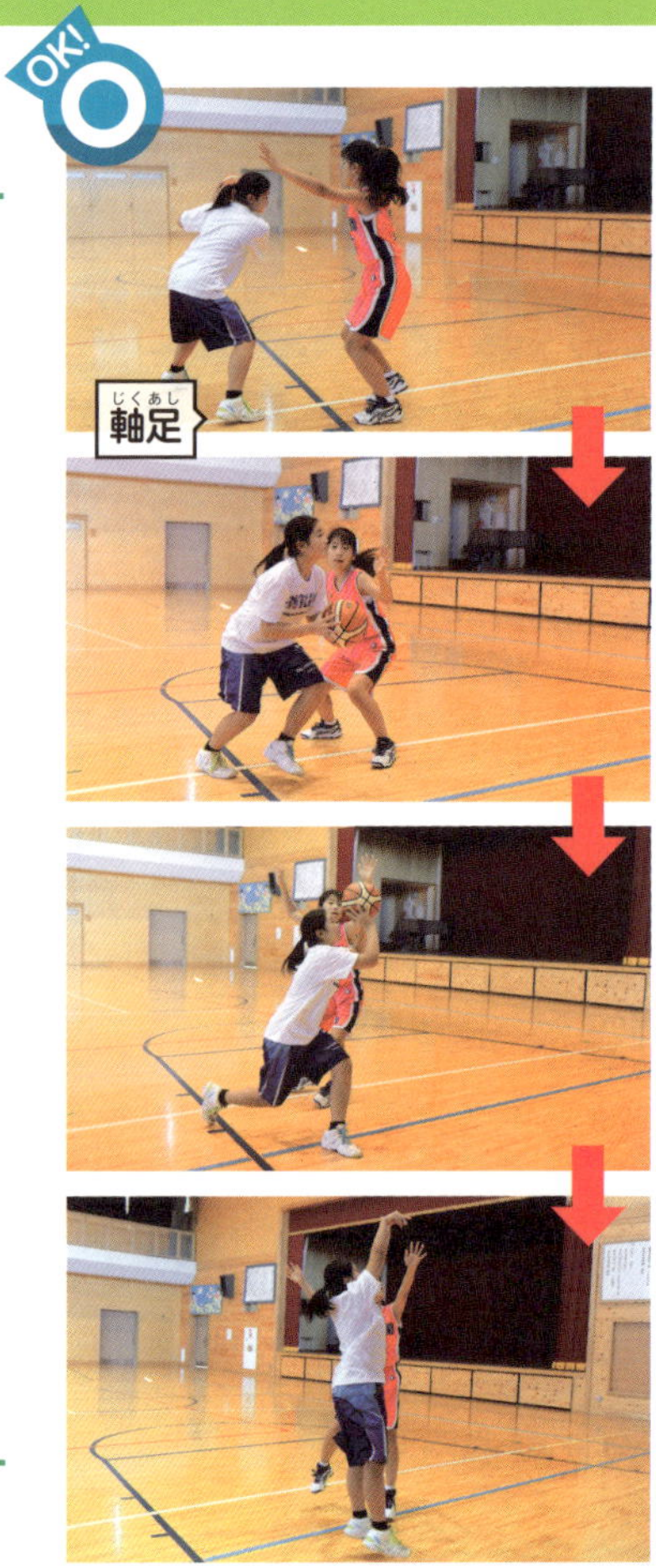

PO!NT

難《むずか》しいシュートも練習《れんしゅう》してみよう

答《こた》えは1ですが、2（まっすぐ上《うえ》にジャンプしてシュートを打《う》つ）や3（後《うし》ろに下《さ》がりながらシュートを打《う》つ）も、テクニックとして存在《そんざい》します。ディフェンスが近《ちか》くにいるだけに難《むずか》しいシュートですが、覚《おぼ》えておくといいでしょう。

攻撃時間《こうげきじかん》がなくなってしまいそうなときは、ピボットを踏《ふ》まずに、後《うし》ろに下《さ》がりながらでもシュートを打《う》ったほうがいいときもあります。

また、ゴール方向《ほうこう》にステップを踏《ふ》む際《さい》に、両足《りょうあし》が浮《う》く瞬間《しゅんかん》があるとトラベリングになるので注意《ちゅうい》してください。

問題《もんだい》28 上級《じょうきゅう》

ピボットを踏《ふ》んでプレーしていたら、審判《しんぱん》が『ピーッ』と笛《ふえ》を鳴《な》らしました。なんという反則《はんそく》で、どちらのボールからゲームが再開《さいかい》するでしょうか？

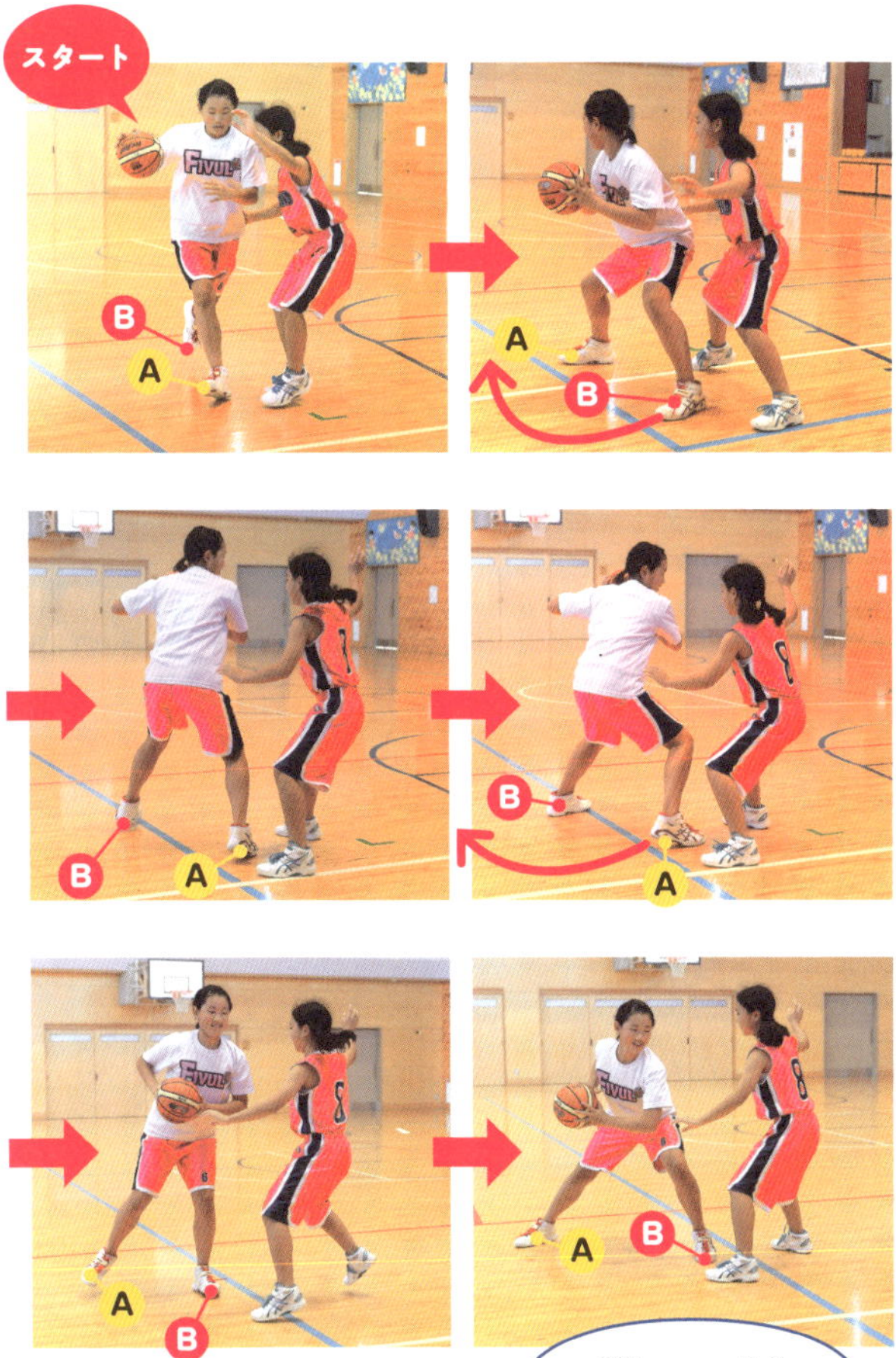

右足《みぎあし》Ⓐが1歩目《ほめ》、
左足《ひだりあし》Ⓑが2歩目《ほめ》です

▶ジャンプボール
審判《しんぱん》がボールを投《な》げあげ、どちらのチームのボールか決《き》める方法《ほうほう》

- **1** ディフェンスのボール
- **2** オフェンスのボール
- **3** ジャンプボール

- **あ** ダブルドリブル
- **い** トラベリング
- **う** ファウル

ヒント hint
この写真《しゃしん》を見《み》てわからない人《ひと》は、85～86ページの連続写真《れんぞくしゃしん》と見《み》比《くら》べてみましょう。

答《こた》えがわかったらページをめくってね

28の答《こた》え ▼ い

トラベリング

1 ディフェンスのボール

なんで

3歩《ぼ》以上《いじょう》ボールを持《も》って歩《ある》いてはいけない

ピボットをうまく踏《ふ》めているように見《み》えますが、「1歩《ぼ》」「2歩《ほ》」「3歩《ぼ》」。つまり、これはトラベリングです。

バスケットボールは、「ボールを持《も》って3歩《ぼ》以上《いじょう》歩《ある》いてはいけない」というルールがあります。この問題《もんだい》は、ドリブルをしないで3歩《ぼ》歩《ある》いてしまったので反則《はんそく》をとられたのです。

POINT

足《あし》の親指《おやゆび》のつけ根《ね》に重心《じゅうしん》を

これは軸足《じくあし》がはなれて3歩《ぼ》、歩《ある》いてしまっているので完全《かんぜん》なトラベリングです。このケース以外《いがい》にも、自分《じぶん》では軸足《じくあし》をはなさずピボットを踏《ふ》んでいるつもりなのに、軸足《じくあし》が動《うご》いてトラベリングをとられることがとても多《おお》いので注意《ちゅうい》してください。

足《あし》の親指《おやゆび》のつけ根《ね》に重心《じゅうしん》をのせてピボットを踏《ふ》むと、軸足《じくあし》がはなれにくくなります。

第4章 3つのプレーを上手に使うには？

問題 29 上級

ドリブルしていたら、『ピーッ』と笛が鳴りました。なんという反則でしょうか？また、審判はどのシーンを見て、笛を鳴らしたでしょうか？

スタート

 1

 2

 3

 4

 5

 あ　トラベリング

 い　5秒ルール

 う　ダブルドリブル

この反則をすると相手（ディフェンス）ボールになるよ

ヒント hint

ドリブルの基本を思い出しましょう。試合で相手にプレッシャーをかけられると、ついついやってしまうんですよ。

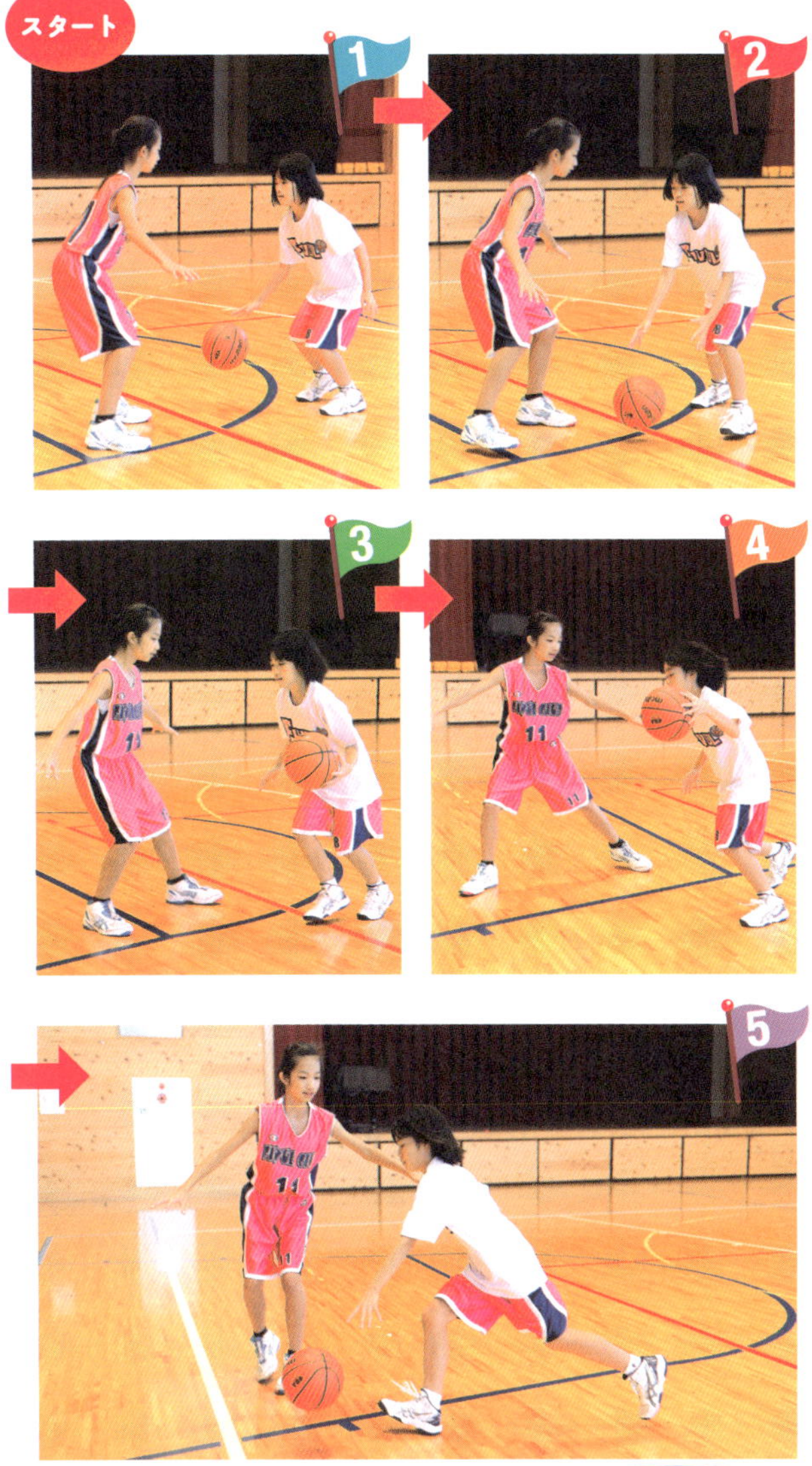

なんで

29の答《こた》え

▼

3 う

ダブルドリブル

ドリブルしているとき、一度《いちど》ボールを持《も》ったあとに再《ふたた》びドリブルを行《おこな》ってはいけないから

一度《いちど》ドリブルしたあとにボールを持《も》ち、再《ふたた》びドリブルを行《おこな》ってしまった場合《ばあい》、「ダブルドリブル」という反則《はんそく》になります。ボールを下《した》から支《ささ》える瞬間《しゅんかん》が、「一度《いちど》ドリブルを止《と》めた」とみなされてしまいます。この選手《せんしゅ》はドリブルをうまく使《つか》っているように見《み》えますが、ボールを下《した》から支《ささ》えてしまっているのでダブルドリブルです。

ボールを持《も》つ瞬間《しゅんかん》があると「ダブルドリブル」という反則《はんそく》

▲ロールターンのドリブルをするときも注意《ちゅうい》しよう

▲ボールの上半分《うえはんぶん》をさわるとOK

PO!NT

ボールの「北半球《きたはんきゅう》」だけをさわるように

ドリブルの基本《きほん》は、5本《ほん》の指《ゆび》を上手《じょうず》に使《つか》い、ボールをコントロールすることです。下半分《したはんぶん》に手《て》がいくとダブルドリブルをとられてしまうので、ボールの上半分《うえはんぶん》をさわるように心《こころ》がけてください。ボールを地球儀《ちきゅうぎ》にたとえると、「南半球《みなみはんきゅう》」ではなく「北半球《きたはんきゅう》」だけをさわることになります。

第《だい》5章《しょう》

ディフェンスの目的《もくてき》は何《なに》？

「ディフェンス」ってなんだ？

相手《あいて》にシュートを決《き》めさせないために

　この章《しょう》では、これまでと反対《はんたい》の立場《たちば》、ディフェンスについてのクイズを出《だ》します。

　ディフェンスは、シュートを打《う》とうとする選手《せんしゅ》をじゃまする立場《たちば》です。イメージしやすくいうと、あなたは番犬《ばんけん》です。不審者《ふしんしゃ》を家《いえ》に入《い》れさせないように、相手《あいて》をこわがらせるのです。これから紹介《しょうかい》するディフェンスで大事《だいじ》にしてほしいのは、次《つぎ》の二《ふた》つです。

　相手《あいて》の打《う》つシュートの本数《ほんすう》を少《すく》なくすること。そして、たとえシュートを打《う》たれるにしても、決《き》まる確率《かくりつ》の低《ひく》いシュートを打《う》たせることです。

問題《もんだい》 30
初級《しょきゅう》

相手《あいて》に簡単《かんたん》にシュートを決《き》めさせず、ときにはボールを奪《うば》うこともできるような、正《ただ》しいディフェンスの姿勢《しせい》はどれですか？

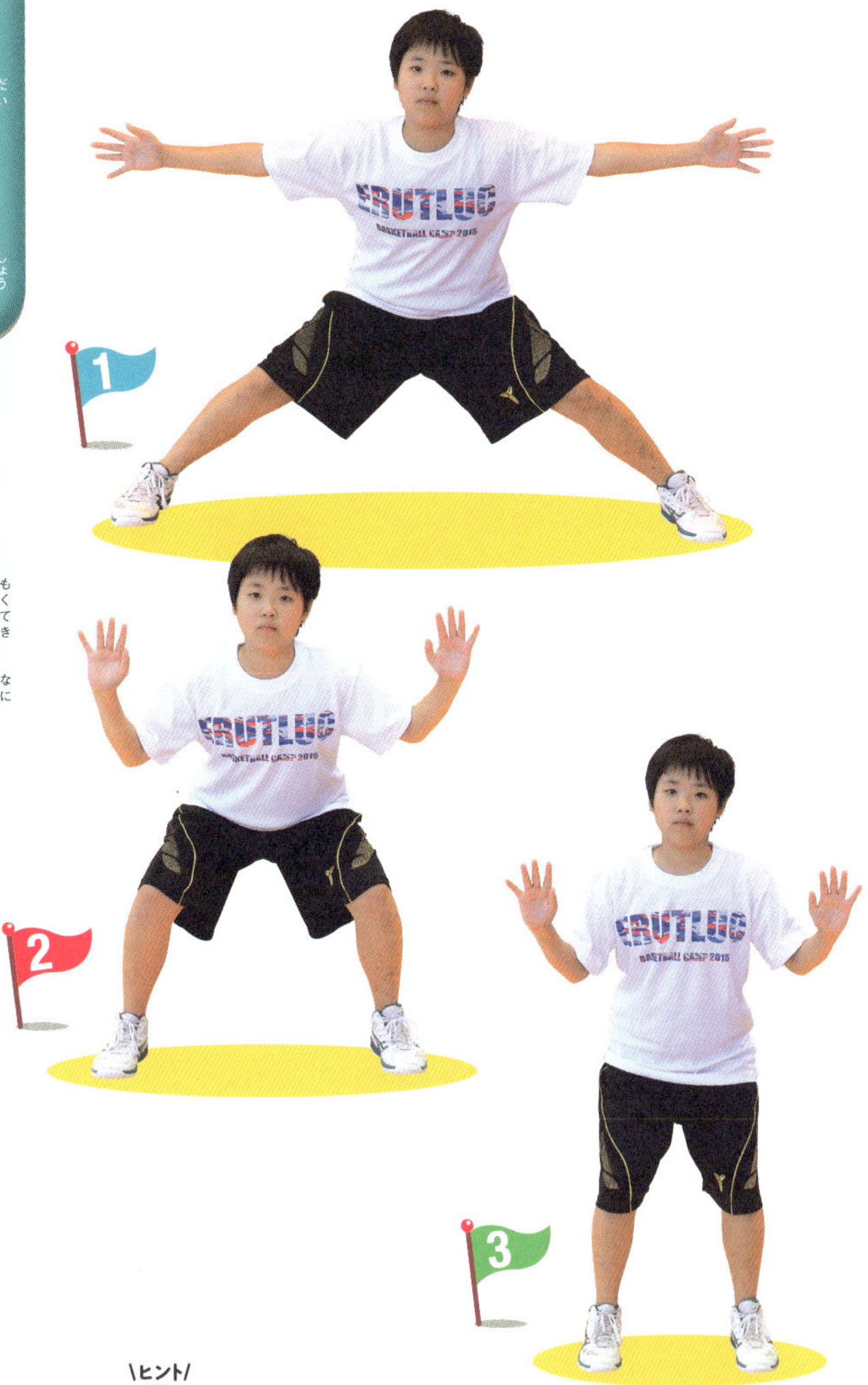
1
2
3

\ヒント/
hint

ディフェンスをしているときに求《もと》められる動《うご》きをイメージしてみましょう。ボールを持《も》っている選手《せんしゅ》が行《おこな》うプレーは、シュートかパスかドリブルです。そのいずれのプレーにも対応《たいおう》できる姿勢《しせい》をとらなければなりませんが、特《とく》に気《き》をつけたいのはシュートとドリブルです。まずシュートを打《う》たせないためにハンズアップします（手《て》をあげます）。そのあとのプレーにもついていける姿勢《しせい》はどれかな？

特《とく》に
シュートとドリブルを
させないようにしたいね

答《こた》えがわかったらページをめくってね

なんで？

相手がイヤがるように、ボールに手をそえるのも効果的だよ

相手のプレーをしっかりじゃまできる姿勢だから

相手をじゃまできて、自分が動きやすいことが大切なので、▶2が正解となります。▶1は相手を通せんぼできますが、動きづらいですよね。逆に▶3では、抜ける道がたくさんありますし、床をける力が伝わらず素早く動くこともできません。なお、下のことを確認しましょう。

30の答え▶2

[顔]
相手の動きが見えるようにあげます

[両手]
シュートやパスに対応できるように手をあげます

[ヒザ]
適度に曲げてすぐに動き出せるようにします

[両足]
すぐに動き出せるように開きます

トライ！

「人さし指はさみ」をやってみよう！

ディフェンスの基本姿勢をとれるようになるいい練習があります。両足のつけ根にそれぞれ人さし指をおき、その指が隠れるように腰を落とします。すると、股関節が曲がり、体は少し前かがみになるという正しい姿勢に近づきます。

顔をあげる

股関節

ななめから見ると

はさむ　指を…

問題《もんだい》 31 中級《ちゅうきゅう》

ボールを持《も》っている相手《あいて》が動《うご》き出《だ》しました。どういう動《うご》きで守《まも》ったらいいでしょうか？

1 回転扉《かいてんとびら》のように回転《かいてん》する

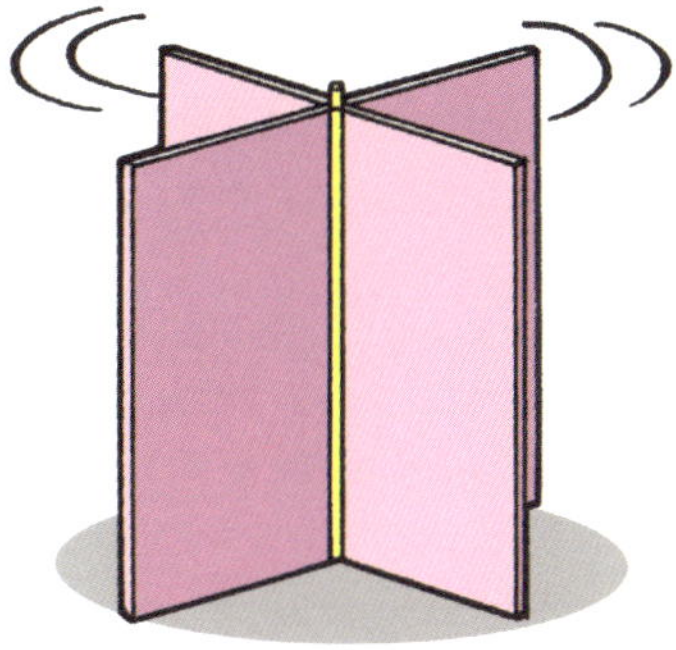

2 ふすまのように横《よこ》に動《うご》く

3 引《ひ》くタイプのドアのように足《あし》を後《うし》ろに引《ひ》く

ヒント hint

もし、あなたがボールを持《も》って攻撃《こうげき》していたら、相手《あいて》のディフェンスにどうされるのがイヤですか？

自分《じぶん》の動《うご》きをいろいろな扉《とびら》にたとえているよ

31の答《こた》え ▼ 2 ふすまのように横《よこ》に動《うご》く

なんで

ゴール方向《ほうこう》にドリブルさせないため

横《よこ》に動《うご》けば、ゴール方向《ほうこう》にドリブルさせないため、相手《あいて》の進路《しんろ》（コース）に入《はい》れます。1の回転扉《かいてんとびら》のように回転《かいてん》していたら、ボールを持《も》っている選手《せんしゅ》を見失《みうしな》ってしまいます。

また、逆《ぎゃく》に3の引《ひ》くタイプのドアのように、足《あし》を引《ひ》いてしまうと、ゴールへのコースが空《あ》いてしまいます。このディフェンスのことを「ウェルカムスタンス」といいますが、こうならないように気《き》をつけましょう。

OK! [ふすまディフェンス]

◀ふすまのように横《よこ》に動《うご》いて、相手《あいて》とゴールとの間《あいだ》にあるコースに入《はい》る

NG! [ウェルカムスタンス]

◀引《ひ》くタイプのドアのように足《あし》を引《ひ》くと、ゴールへのコースが空《あ》いてしまう

問題《もんだい》
32
中級《ちゅうきゅう》

相手《あいて》がドリブルをつき、抜《ぬ》こうとしてきました。どうやってついていけばよいでしょうか？

1 真後《まうし》ろからくっついていく

2 相手《あいて》の前《まえ》に立《た》ちはだかる

3 横《よこ》からついていく

ヒント
hint

ボールを持《も》つ相手《あいて》に対《たい》して、ディフェンスがもっとも優先《ゆうせん》しなければならないことはなんですか？　そこから答《こた》えを考《かんが》えてみてください。

32の答《こた》え

▼ 3

横《よこ》からついていく

◀ディフェンスは、ボールを持《も》つ相手《あいて》とゴールとの間《あいだ》にポジションをとります

◀ドリブルを始《はじ》める相手《あいて》に対応《たいおう》します

◀ゴールに近《ちか》づかせないようにします

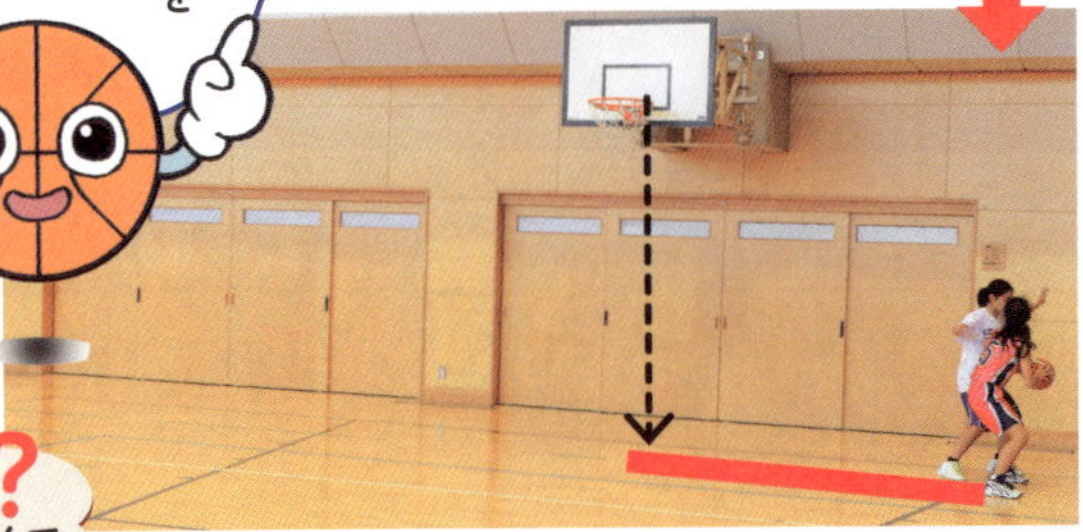

◀コーナーの方向《ほうこう》に追《お》いやります

なんで

ゴール方向《ほうこう》にドリブルさせないため

ディフェンスがまず考《かんが》えるべきなのは、ボールを持《も》つ相手《あいて》と、ゴールとを結《むす》んだ仮《か》想《そう》の線《せん》「ゴールライン」上《じょう》にポジションをとって、ゴールを守《まも》ることです。

このゴールラインを気《き》にせずディフェンスすると、ゴール方向《ほうこう》に走《はし》りこまれてシュートを打《う》たれてしまうので気《き》をつけてください。3のように横《よこ》からついていくようにすると、ゴールラインに入《はい》りながらディフェンスをすることができます。

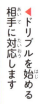

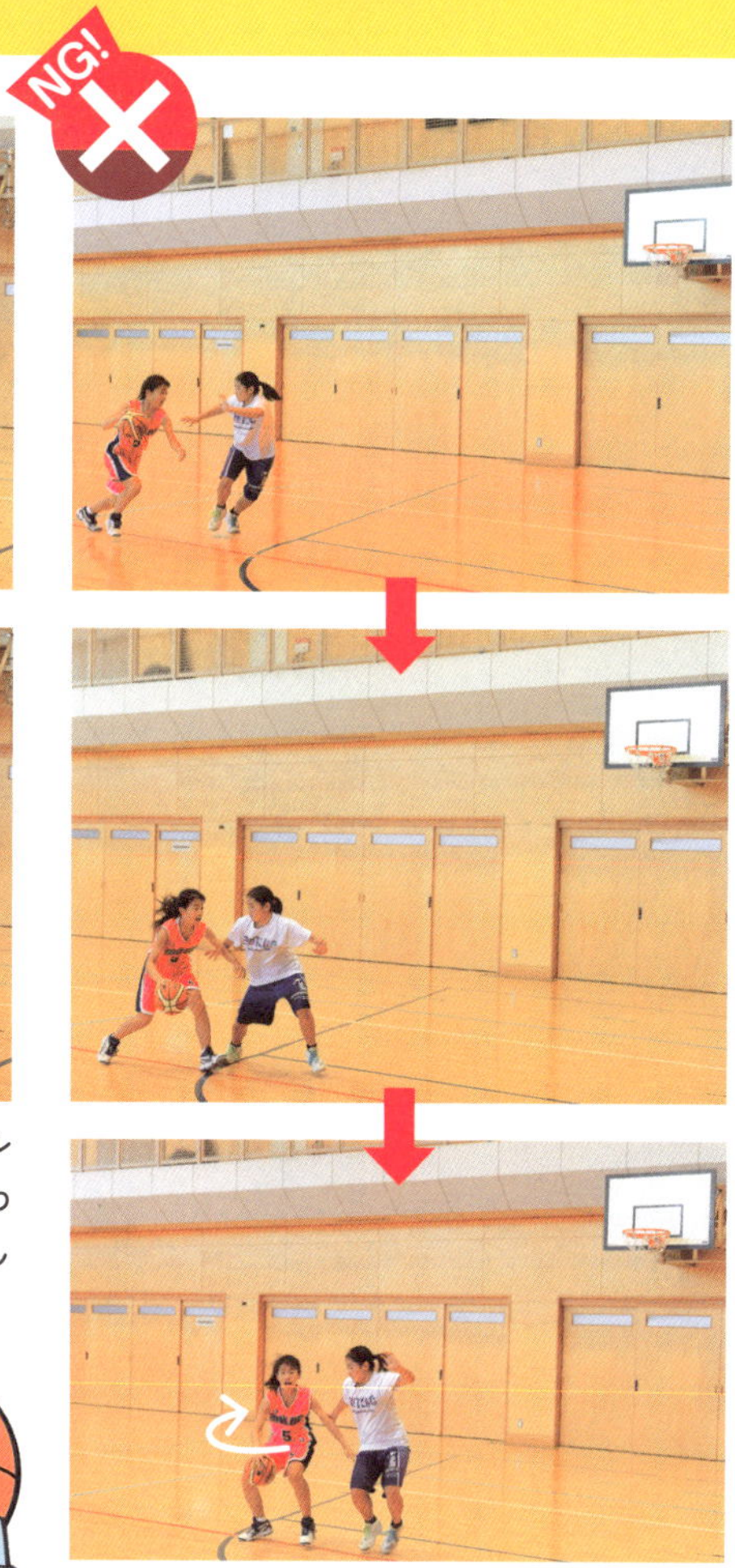
NG!

▲ 2のように前《まえ》に立《た》ちはだかってボールをとろうとすると、ロールターンなどでかわされて、ゴール方向《ほうこう》にドリブルで進《すす》まれてしまいます

前《まえ》に立《た》ちはだかったら
よけられちゃった

PO!NT

不審者《ふしんしゃ》に入《はい》られないように警戒《けいかい》する

家《いえ》に不審者《ふしんしゃ》が入《はい》ろうとすると、番犬《ばんけん》はほえて追《お》いはらってくれます。それと同《おな》じように、ゴール近辺《きんぺん》の制限区域《せいげんくいき》を自分《じぶん》の家《いえ》だと思《おも》ってください。不審者《ふしんしゃ》（オフェンス）が家《いえ》に入《はい》らないように、ディフェンスが家《いえ》を守《まも》るのです。そうやってしっかりと家《いえ》を守《まも》ることで、不審者《ふしんしゃ》が家《いえ》のまわりをうろちょろしている間《あいだ》につかまえることができます。そう、相手《あいて》に攻撃《こうげき》の時間《じかん》を使《つか》わせて、ミスを誘《さそ》うことができるわけです。ちなみに試合《しあい》では1対《たい》1が基本《きほん》なので、それぞれの番犬《ばんけん》が1人《ひとり》ずつ不審者《ふしんしゃ》を警戒《けいかい》するかっこうになりますね。

トライ!

「門番《もんばん》ディフェンス」をやってみよう！

相手《あいて》のドリブルに対《たい》してディフェンスが横《よこ》に動《うご》く習慣《しゅうかん》がつく練習《れんしゅう》を紹介《しょうかい》しましょう。ディフェンスが「門番《もんばん》」のような役目《やくめ》をするので、「門番《もんばん》ディフェンス」と呼《よ》んでいる練習《れんしゅう》です。

やりかた

1. ディフェンスⒶの左《さ》右《ゆう》1～2mのところにカラーコーンやカラーマーカーを一《ひと》つずつ置《お》きます
2. ボールを持《も》つ選手《せんしゅ》Ⓑは、左右《さゆう》どちらからかドリブルで抜《ぬ》きにかかります
3. Ⓐは進行方向《しんこうほうこう》の足《あし》から出《だ》してコースに入り、ドリブルを止《と》めます。その際《さい》に足《あし》を閉《と》じないようにしてください

問題《もんだい》33 上級《じょうきゅう》

速攻《そっこう》のシーンです。
2人《ふたり》で攻《せ》めてくる相手《あいて》に対《たい》して、
ディフェンスはあなたしかいない『2対《たい》1』の状況《じょうきょう》です。
2人《ふたり》の相手《あいて》に対《たい》してあなたはどう守《まも》ればいいでしょうか？

1
2
3

1 **ボールを持《も》つ選手《せんしゅ》に近《ちか》づく**

2 **ボールを持《も》たない選手《せんしゅ》に近《ちか》づく**

3 **どちらの選手《せんしゅ》にも近《ちか》づかない**

「ゴールには お宝《たから》（＝得点《とくてん》） がある」という意識《いしき》で やってみよう
不審者《ふしんしゃ》に とられないように！

ヒント
hint

ボールを持《も》つ相手《あいて》と、自分《じぶん》がマークする選手《せんしゅ》がどういうプレーをしてくるかイメージしてみましょう。

33の答《こた》え ▶ 3 どちらの選手《せんしゅ》にも近《ちか》づかない

OK!

▲ゴールから遠《とお》いところでシュートを打《う》たせる

NG! 2

▲マークする選手《せんしゅ》に近《ちか》づきすぎるとゴールの近《ちか》くからシュートを決《き》められる

NG! 1

▲ボールに近《ちか》づきすぎるとパスされてゴールの近《ちか》くからシュートを決《き》められる

なんで

相手《あいて》のミスを誘《さそ》うため

相手《あいて》にゴールからはなれたところでシュートを打《う》たせれば、シュートをミスする確率《かくりつ》が高《たか》くなります。つまり、あなたがリバウンドをとれる可能性《かのうせい》が高《たか》くなるからです。

POINT

シュートの確率《かくりつ》ができるだけ低《ひく》くなるように

たとえ1対《たい》1の状況《じょうきょう》でも『ボールをとろう』としすぎてはいけません。さらに2対《たい》1の状況《じょうきょう》では、『シュートを打《う》たれる』のを覚悟《かくご》のうえでディフェンスしていいのです。ただ、確実《かくじつ》にシュートを決《き》められるのではなく、その確率《かくりつ》ができるだけ低《ひく》くなるようなディフェンスを心《こころ》がけましょう。

問題《もんだい》 34 上級《じょうきゅう》

『2対《たい》2』の状況《じょうきょう》です。あなたがマークする選手《せんしゅ》は今《いま》、ボールを持《も》っていません。どこにポジションをとればいいでしょうか?

3
2
1

1 マークする選手《せんしゅ》に近《ちか》づく

2 マークする選手《せんしゅ》とボールを持《も》つ選手《せんしゅ》の中間《ちゅうかん》に立《た》つ

3 ボールを持《も》つ選手《せんしゅ》に近《ちか》づく

攻撃《こうげき》をしかけてきそうだね

\ヒント/
hint

ボールを持《も》つ相手《あいて》と、自分《じぶん》がマークする選手《せんしゅ》がどういうプレーをしてくるかイメージしてみましょう。

答《こた》えがわかったらページをめくってね

34の答《こた》え ▶ 2 マークする選手《せんしゅ》とボールを持《も》つ選手《せんしゅ》の中間《ちゅうかん》に立《た》つ

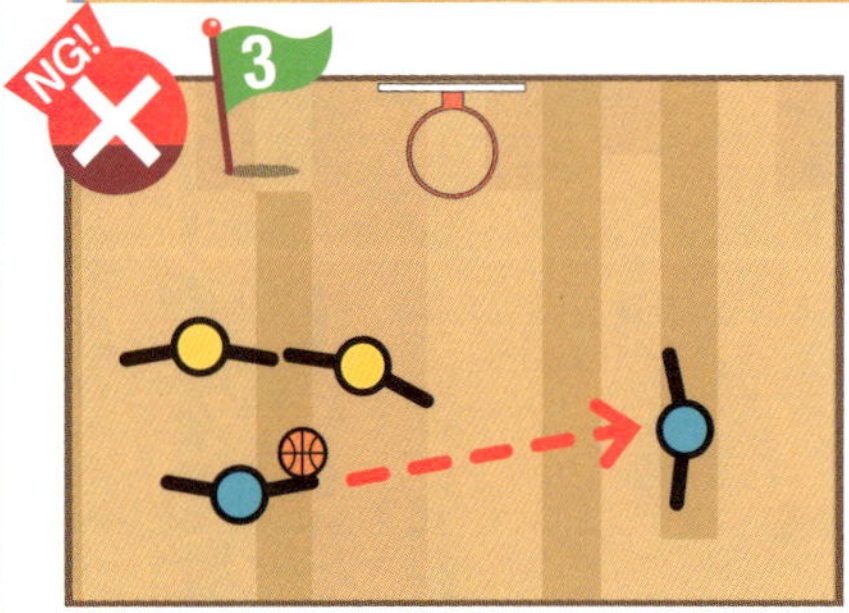

▲自分《じぶん》がマークする選手《せんしゅ》からはなれてボールを持《も》つ選手《せんしゅ》に近《ちか》づきすぎると、パスをさばかれてシュートを打《う》たれてしまいます

▲ボールを持《も》っている選手《せんしゅ》からはなれて、自分《じぶん》がマークする選手《せんしゅ》に近《ちか》づきすぎると、ドリブルで抜《ぬ》かれたチームメイトを助《たす》けることができません

PO!NT

「ピストルスタンス」で2人《ふたり》の動《うご》きを同時《どうじ》に、はあく

ボールを持《も》っている選手《せんしゅ》と、自分《じぶん》がマークする選手《せんしゅ》の間《あいだ》に立《た》ってみてください。そして2人《ふたり》を同時《どうじ》に指《ゆび》さしてみましょう。このようなディフェンスを「ピストルスタンス」といいます。ピストルで2人《ふたり》をいつでもうてるという意味合《いみあ》いです。いいかえると、2人《ふたり》の動《うご》きを同時《どうじ》に、はあくできるということです。

なんで？

パスとドリブル、どちらにも対応《たいおう》するため

ボールを持《も》っている選手《せんしゅ》がドリブルしてきたら、すぐにチームメイトを助《たす》けられることが大切《たいせつ》です。これを「ヘルプディフェンス」といいます。また、自分《じぶん》がマークする選手《せんしゅ》にパスを出《だ》されても、すぐにもどって対応《たいおう》できるようにするためです。

問題《もんだい》 35 上級《じょうきゅう》

相手《あいて》にシュートを打《う》たれた瞬間《しゅんかん》、どうしたらいいでしょうか？

1. 自分《じぶん》がマークする選手《せんしゅ》にぶつかる
2. すぐさまゴールに近《ちか》づく
3. その場《ば》でジャンプする

\ヒント/
hint

相手《あいて》がシュートをミスしたときに、リバウンドをとることによってディフェンスが成功《せいこう》となります。どうすればディフェンスリバウンドをとれると思《おも》いますか？

答《こた》えがわかったらページをめくってね

35の答《こた》え ▶ 1 自分《じぶん》がマークする選手《せんしゅ》にぶつかる

POINT

相手《あいて》にゴールに近寄《ちかよ》られないように

リバウンドが大事《だいじ》だからといって、ボールをとろうと近《ちか》づくと攻撃《こうげき》の相《あい》手《て》にゴールに近寄《ちかよ》られてボールをとられるので注意《ちゅうい》してください。ただし、落《お》ちてきたボールに自分《じぶん》が一番《いちばん》近《ちか》いのであれば、タイミングよくジャンプしてボールをとりましょう。

なんで

「ボックスアウト」して相手《あいて》をゴールに近《ちか》づかせないため

5人《にん》のディフェンス全員《ぜんいん》が、マークする相手《あいて》に接触《せっしょく》しゴールに近《ちか》づかせなければ、リバウンドをとれる可能性《かのうせい》が高《たか》くなるからです。これは「ボックスアウト」または「スクリーンアウト」といわれるプレーです。

第《だい》6章《しょう》

バスケットボール物知《ものし》りクイズ！

問題《もんだい》 36 上級《じょうきゅう》

右《みぎ》がミニバスケットボール用《よう》のコート、左《ひだり》は中学生以上《ちゅうがくせいいじょう》が使《つか》うコートです。コートのなかの□に、次《つぎ》の数字《すうじ》を入《い》れてください。ただし1～8は、両方《りょうほう》のコートに同《おな》じ数字《すうじ》が入《はい》ります。

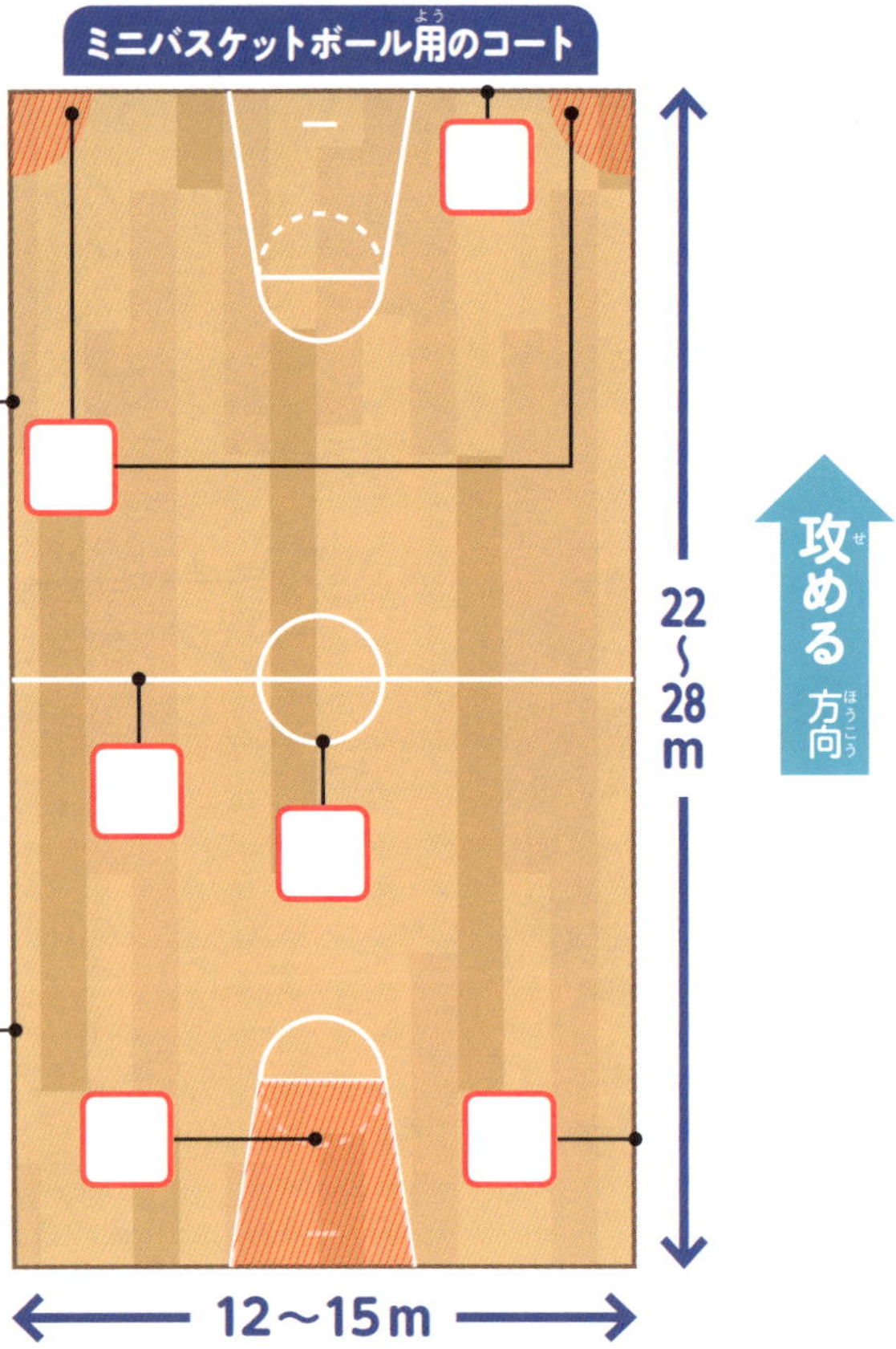

1 **センターライン**
コートの真《ま》ん中《なか》のラインです。

2 **センターサークル**
試合《しあい》が始《はじ》まるところです。

3 **ベースライン**
得点《とくてん》が決《き》まったときに再開《さいかい》されるところです。

4 **サイドライン**
ここからボールを出《だ》したら、相手《あいて》ボール。出《で》たところから再開《さいかい》されます。

5 3秒以上《びょういじょう》いられない「**制限区域**《せいげんくいき》(ペイントエリア)」といわれるエリアです。

6 **コーナー**
ラインにかこまれているこのエリ

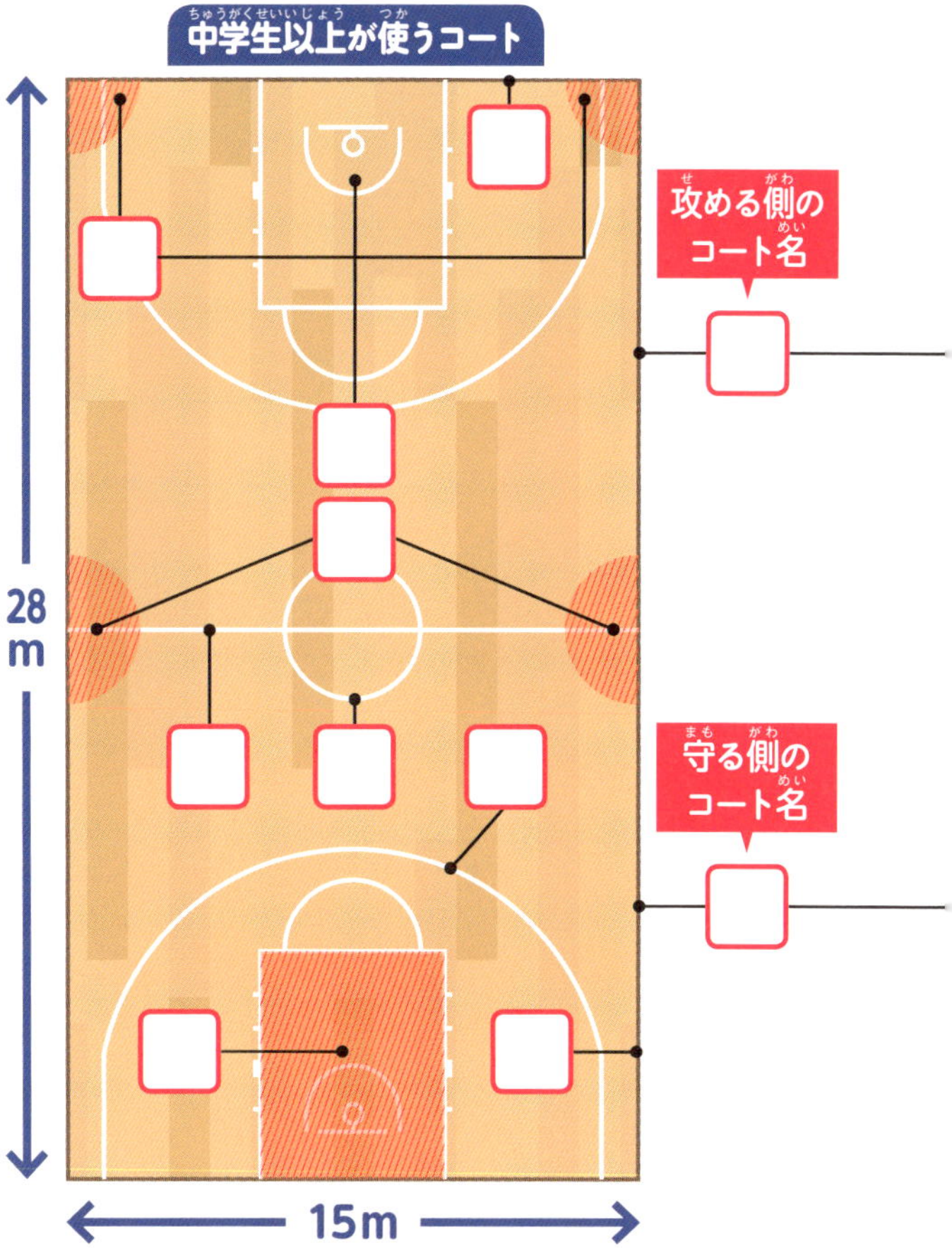

得点《とくてん》

- シュートは2点《てん》（中学生以上《ちゅうがくせいいじょう》は3点《てん》もあり）
- フリースローは1点《てん》

アでボールを持《も》っているとディフェンスにねらわれます。

7 フロントコート
自分《じぶん》たちが攻《せ》めようとしているコートです。

8 バックコート
自分《じぶん》たちが守《まも》るゴールがあるコートです。

9 このラインの外《そと》から決《き》まったシュートは3点《てん》です。「3ポイントライン」と呼《よ》ばれています。

10 待《ま》ちぶせするディフェンスにぶつかっても、攻撃側《こうげきがわ》のファウルになりません。「ノーチャージ・セミサークル」と呼《よ》ばれています。

11 コフィンコーナー
中学生以上《ちゅうがくせいいじょう》は、このエリアでもディフェンスにねらわれます（センターラインを一度《いちど》こえたら、もどれないからです）。

36の答《こた》え

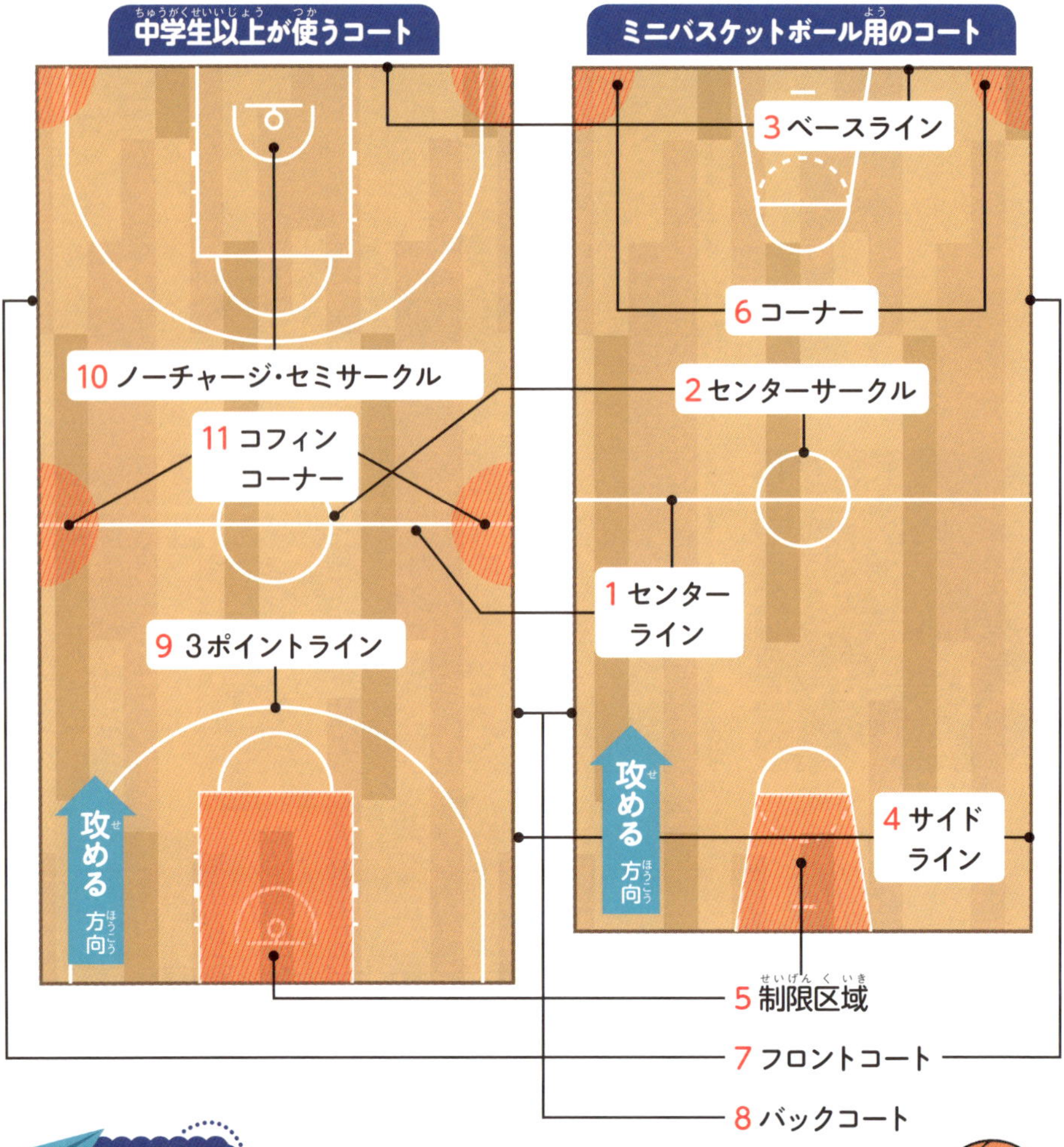

POINT

小学校《しょうがっこう》を卒業《そつぎょう》したあとの準備《じゅんび》も

中学生以上《ちゅうがくせいいじょう》のコートやルールを少《すこ》しずつ覚《おぼ》えて、小学校《しょうがっこう》を卒業《そつぎょう》したあとの準備《じゅんび》も進《すす》めておきましょう！

試合時間《しあいじかん》

ミニバスケットボール

6分《ぶん》 →休《きゅう》けい 1分《ぶん》→ 6分《ぶん》 →休《きゅう》けい 5分《ふん》→ 6分《ぶん》 →休《きゅう》けい 1分《ぶん》→ 6分《ぶん》

一般《いっぱん》ルール　＊中学生《ちゅうがくせい》は1ピリオド8分《ぶん》

10分《ぶん》 →休《きゅう》けい 2分《ふん》→ 10分《ぶん》 →休《きゅう》けい 10分《ぶん》or15分《ふん》→ 10分《ぶん》 →休《きゅう》けい 2分《ふん》→ 10分《ぶん》

問題《もんだい》 37 上級《じょうきゅう》

バスケットボールは、いつ、どこで、どのように始《はじ》まりましたか？それぞれ選《えら》んでください

いつ

1 1691年《ねん》
2 1791年《ねん》
3 1891年《ねん》

どこで

1 アメリカ
2 カナダ
3 イギリス

考案者《こうあんしゃ》の出身地《しゅっしんち》

1 アメリカ
2 カナダ
3 イギリス

きっかけ

1 運動会《うんどうかい》の玉入《たまい》れから発展《はってん》した
2 ハンドボールから発展《はってん》した
3 冬《ふゆ》でも屋内《おくない》で行《おこな》えるように考《かんが》え出《だ》された

工夫《くふう》①

1 盛《も》り上《あ》がるようにタックルしてOK
2 タックルが危《あぶ》ないので身体接触《しんたいせっしょく》が禁止《きんし》
3 タックルしてあやまればOK

工夫《くふう》②

1 今《いま》と同《おな》じリングを使《つか》って
2 桃《もも》のカゴを使《つか》って
3 リンゴのダンボール箱《ばこ》を使《つか》って

工夫《くふう》③

1 最初《さいしょ》に使《つか》われたのはバレーボール
2 最初《さいしょ》に使《つか》われたのはサッカーボール
3 最初《さいしょ》からバスケットボールが使《つか》われた

工夫《くふう》④

1 シュートに勢《いきお》いがあると危険《きけん》だから、ゴールが上《うえ》に取《と》りつけられた
2 風船《ふうせん》が使《つか》われていたから、ゴールが上《うえ》に取《と》りつけられた
3 ボールがあがる高《たか》さが競《きそ》われていたから、ゴールが上《うえ》に取《と》りつけられた

初《はじ》めて行《おこな》われたゲームにいた人《ひと》

1 カリーム・アブドゥル・ジャバー
2 マイケル・ジョーダン
3 ゲンザブロウ・イシカワ

37の答《こた》え ▼

いつ

「1891年《ねん》」

どこで

「アメリカ」マサチューセッツ州《しゅう》・スプリングフィールド

考案者《こうあんしゃ》の出身地《しゅっしんち》

「カナダ」出身《しゅっしん》の博士《はかせ》

きっかけ

「雪《ゆき》が降《ふ》り積《つ》もる冬《ふゆ》でも屋内《おくない》で行《おこな》えるように考《かんが》え出《だ》された」

工夫《くふう》①

「タックルが危《あぶ》ないので身体接触《しんたいせっしょく》が禁止《きんし》」となった

工夫《くふう》②

「桃《もも》のカゴを使《つか》って」行《おこな》われたから、バスケット（籠《かご》）となった

工夫《くふう》③

「最初《さいしょ》に使《つか》われたのはサッカーボール」。それ以来《いらい》、ボールが改良《かいりょう》されてバスケットボールができた

工夫《くふう》④

「シュートに勢《いきお》いがあると危険《きけん》だから、上《うえ》に取《と》りつけられた」。10フィート（3m5㎝）の高《たか》さは今《いま》と同《おな》じ

初《はじ》めて行《おこな》われたゲームにいた人《ひと》

「ゲンザブロウ・イシカワ」（石川源三郎《いしかわげんざぶろう》）

PO!NT

バスケットボールが生《う》まれたその場《ば》に日本人《にほんじん》がいた！

カリーム・アブドゥル・ジャバー（アメリカ）は、歴代最高得点者《れきだいさいこうとくてんしゃ》。マイケル・ジョーダン（アメリカ）は、バスケットボールの「神様《かみさま》」と称《しょう》される往年《おうねん》の名選手《めいせんしゅ》。そして実《じつ》は、バスケットボールが生《う》まれたその場《ば》に日本人《にほんじん》「石川源《いしかわげん》三郎《ざぶろう》」がいたんですよ！

問題《もんだい》38 上級《じょうきゅう》

ボールを使《つか》う練習《れんしゅう》の前《まえ》に取《と》り入《い》れると、より練習《れんしゅう》の効果《こうか》があがると考《かんが》えられているのは、次《つぎ》のうちどれでしょうか？

1 足《あし》に負荷《ふか》をかけるうさぎとび

2 体《からだ》の中心《ちゅうしん》を刺激《しげき》するダンス

3 腕《うで》を強化《きょうか》するバーベル・トレーニング

問題《もんだい》39 上級《じょうきゅう》

練習《れんしゅう》を休《やす》まずに行《おこな》うために、大切《たいせつ》な食事《しょくじ》はどれですか？

1 カップめん

2 野菜《やさい》

3 スナック菓子《がし》

問題《もんだい》40 上級《じょうきゅう》

小学生《しょうがくせい》が、練習《れんしゅう》の疲《つか》れを次《つぎ》の日《ひ》に残《のこ》さないために適《てき》した睡眠時間《すいみんじかん》は、次《つぎ》のうちどれだと思《おも》いますか？

1 7時間《じかん》

2 8時間《じかん》

3 9時間《じかん》

38の答《こた》え

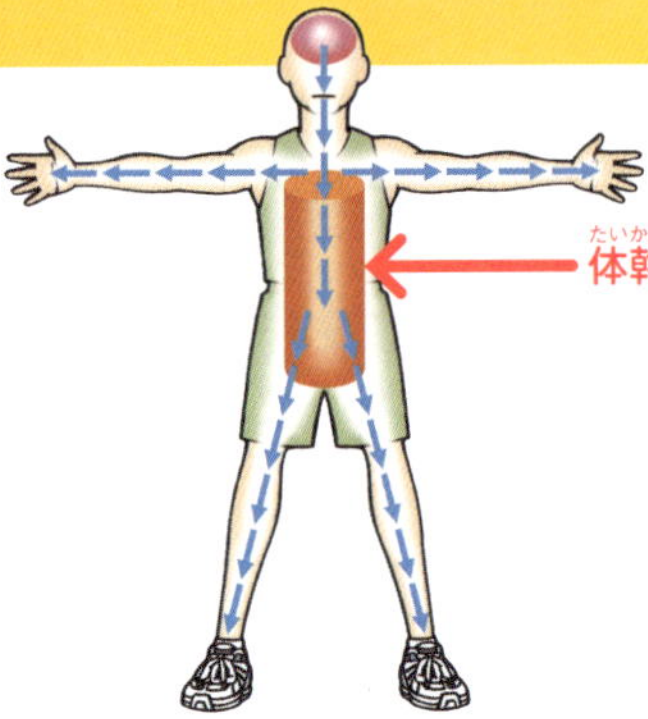

2 体《からだ》の中心《ちゅうしん》を刺激《しげき》するダンス

体《からだ》の中心《ちゅうしん》のことを「体幹《たいかん》」といいます。そこを刺激《しげき》しておくことによって、脳《のう》からの信号《しんごう》が体中《からだじゅう》に伝《つた》わりやすいと、私《わたし》たちは考《かんが》えています。逆《ぎゃく》に1（うさぎとび）と3（バーベル・トレーニング）は、小学生《しょうがくせい》にとって負荷《ふか》が高《たか》すぎて、成長《せいちょう》をさまたげる恐《おそ》れがあります。筋力《きんりょく》トレーニングをするなら、自分《じぶん》の体重《たいじゅう》を使《つか》った腕立《うでた》てふせなどがよいといわれています。

39の答《こた》え 2 野菜《やさい》

食《た》べるものは、野菜《やさい》が適《てき》しています。野《や》菜《さい》には「ビタミン」が多《おお》く含《ふく》まれているうえ、育《そだ》つなかで土《つち》から「ミネラル」と呼《よ》ばれる多《おお》くの栄養《えいよう》を吸収《きゅうしゅう》しています。さまざまな野菜《やさい》を食《た》べて、健康《けんこう》な体《からだ》をつくりましょう。カップめんやスナック菓子《がし》はできればひかえたほうがいいですね。

40の答《こた》え 3 9時間《じかん》

寝《ね》る子《こ》は育《そだ》つ！

睡眠時間《すいみんじかん》は、「1時間《じかん》30分《ぷん》」の倍数《ばいすう》がよいとされています。その周期《しゅうき》で眠《ねむ》りが浅《あさ》くなると考《かんが》えられているので、「9時間《じかん》」が目安《めやす》となります。個人差《こじんさ》はもちろんありますが、ぜひ参考《さんこう》にしてみてください。

また、「寝《ね》る子《こ》は育《そだ》つ」ということわざがあるように、成長《せいちょう》のためには睡眠《すいみん》をたっぷりとることが大切《たいせつ》です。

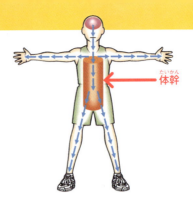

問題《もんだい》 41 上級《じょうきゅう》

このなかに一《ひと》つだけファウル（反則《はんそく》）になる可能性《かのうせい》が高《たか》いシーンがあります。どれでしょうか？

「相手《あいて》に接触《せっしょく》してはいけない」というルールがあるよ

1 ディフェンスがボックスアウトしているシーン

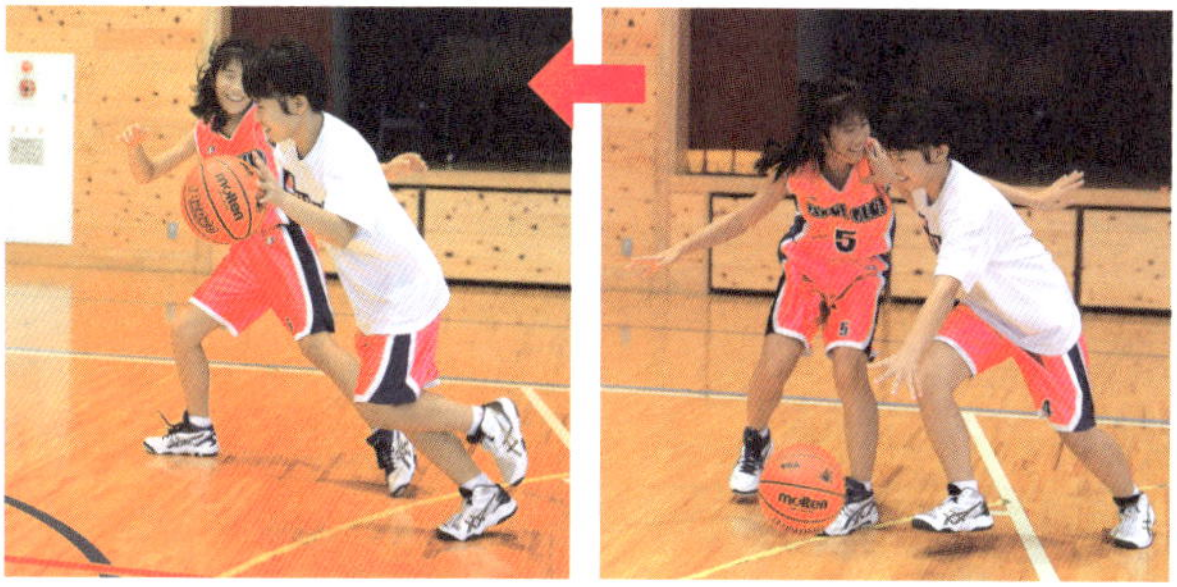

2 オフェンスが、ディフェンスを抜《ぬ》こうとしているシーン

3 相手《あいて》のシュートをブロックしているシーン

41の答《こた》え

▼ 2

ボールを持《も》っている選手《せんしゅ》のファウル

なんで

相手《あいて》を押《お》すと「ファウル（反則《はんそく》）」だから

NG! ×

オフェンスのファウルのことを「オフェンスファウル」または「チャージング」といいます。ボールを持《も》っている選《せん》手《しゅ》も、相手《あいて》を押《お》したり、引《ひ》っ張《ぱ》ったり、誤《あやま》った手《て》の使《つか》い方《かた》をしてはならないのです。

1のボックスアウトのように、お互《たが》いにぶつかり合《あ》っているとみなされれば、ファウルになりません。また、3のブロックのシーンも、ディフェンスはボールだけしかさわっていないように見《み》えるのでファウルではありません。

POINT

腕《うで》でボールを守《まも》るのはOK

OK!

ディフェンスがボールに寄《よ》ってこないように、ボールを持《も》っている選《せん》手《しゅ》が、腕《うで》でボールを守《まも》るのはOKです。この「アームバー」はしっかりと出《だ》してくださいね。

ヒジをのばして相手《あいて》を押《お》さなければOKだよ

問題《もんだい》 42 上級《じょうきゅう》

試合中《しあいちゅう》によく起《お》こる3つのシーンです。このようなとき、あなたには『あること』が求《もと》められます。それはなんだと思《おも》いますか?

シーン1

攻撃《こうげき》しているとき、
仲間《なかま》が相手《あいて》のディフェンス
2人《ふたり》にかこまれてしまいました。

シーン2

ディフェンスしているとき、
自分《じぶん》が相手《あいて》に抜《ぬ》かれそうです。

シーン3

攻撃《こうげき》をしているとき、
仲間《なかま》がミスを
してしまいました。

ヒント hint

漢字《かんじ》で一文字《ひともじ》。ひらがなだと二文字《ふたもじ》です。

答《こた》えがわかったらページをめくってね

42の答《こた》え ▶ 声《こえ》

なんで

チームスポーツのよいところをいかそう

ずばりそれは、バスケットボールが1対《たい》1だけのスポーツではなく、チームで戦《たたか》うチームスポーツだからです。仲間《なかま》に状況《じょうきょう》を知《し》らせる声《こえ》や、ミスしたときにはげます声《こえ》がとても大事《だいじ》なのです。声《こえ》を出《だ》すことだけが目的《もくてき》でなく、伝《つた》えることが大切《たいせつ》なので、はずかしがらずに大《おお》きな声《こえ》で伝《つた》えましょう。

PO!NT

チームの雰囲気《ふんいき》をよくする

では、実際《じっさい》にどんな声《こえ》になるか、再《ふたた》び写真《しゃしん》で説明《せつめい》しましょう。このようなちょっとした声《こえ》が、チームの雰囲気《ふんいき》をよくして、試合《しあい》の流《なが》れを引《ひ》き寄《よ》せるきっかけとなるのです。

シーン1
こっち！

シーン2
ヘルプ（お願《ねが》い）！

気《き》にしないで、次《つぎ》、次《つぎ》！
シーン3

問題《もんだい》43 上級《じょうきゅう》

1987年《ねん》から2001年《ねん》にかけてアメリカのプロリーグでプレーしたマグジー・ボーグスという選手《せんしゅ》がいます。その選手《せんしゅ》は日本人《にほんじん》の一般的《いっぱんてき》なプロ選手《せんしゅ》より低《ひく》い身長《しんちょう》ですが、大《おお》きな相手《あいて》に対《たい》してすごいプレーを何度《なんど》も見《み》せました。さて、その選手《せんしゅ》の身長《しんちょう》は何《なん》cmでしょうか？

1 160cm　2 170cm　3 180cm

問題《もんだい》44 上級《じょうきゅう》

アメリカ・プロリーグのオールスターゲームでは、スラムダンク・コンテストが行《おこな》われてきました。1986年《ねん》は、スパッド・ウェブという選手《せんしゅ》がケタ外《はず》れのジャンプ力《りょく》を見《み》せて優勝《ゆうしょう》しました。その選手《せんしゅ》の身長《しんちょう》は何《なん》cmでしょうか？

1 160cm　2 170cm　3 180cm

スラムダンク・コンテスト

ダンクシュートのすごさを競《きそ》うコンテストのこと。ダンクシュートとはリングに直接《ちょくせつ》、手《て》でボールをたたき入《い》れるシュートのこと

問題《もんだい》45 上級《じょうきゅう》

アメリカ・プロリーグでは決《けっ》して大《おお》きくはない身長《しんちょう》なのに、4度《ど》の得点王《とくてんおう》にかがやいたアレン・アイバーソンという選手《せんしゅ》がいました。その選手《せんしゅ》の身長《しんちょう》は何《なん》cmでしょうか？

1 170cm　2 180cm　3 190cm

＼ヒント／ hint

「背《せ》が高《たか》くないと通用《つうよう》しない」という常識《じょうしき》にとらわれないようにしましょう。ちなみに、マイケル・ジョーダン（アメリカ）は198cmです。

全員《ぜんいん》、男《おとこ》の人《ひと》だよ。
どれくらいかなあ？

答《こた》えがわかったらページをめくってね

43の答《こた》え ▶ 1 160㎝（マグジー・ボーグス）

44の答《こた》え ▶ 2 170㎝（スパッド・ウェブ）

45の答《こた》え ▶ 2 180㎝（アレン・アイバーソン）

POINT

「小《ちい》さかったら、高《たか》くとべ！」

160㎝のマグジー・ボーグスのドリブルは、小学生《しょうがくせい》が大人《おとな》を手玉《てだま》にとるかのようで、まるで映画《えいが》のワンシーンみたいでした。そしてスラムダンク・コンテストで優勝《ゆうしょう》した170㎝のスパッド・ウェブは「小《ちい》さかったら、高《たか》くとべ！」という名言《めいげん》を残《のこ》しました。さらに180㎝のアレン・アイバーソンは、ドリブルとシュート力《りょく》、そして気持《きも》ちの強《つよ》さを武器《ぶき》に、得点王《とくてんおう》に４度《ど》もかがやいたのです。

問題《もんだい》 46 上級《じょうきゅう》

次《つぎ》の文《ぶん》は、『中国《ちゅうごく》の竹《たけ》の奇跡《きせき》』というお話《はなし》です。□□には同《おな》じ言葉《ことば》の漢字《かんじ》二文字《ふたもじ》がそれぞれ入《はい》ります。なんだと思《おも》いますか?

これは選手《せんしゅ》だけでなく、お父《とう》さん、お母《かあ》さんもいっしょに考《かんが》えてほしいクイズです

ある植物《しょくぶつ》の種《たね》をまいてから4年間《ねんかん》、小《ち》いさな芽《め》が出《で》るだけでそのほかの□□が見《み》られませんでした。その4年間《ねんかん》、□□はすべて地面《じめん》のなかで起《お》きていて、土《つち》のなかにその根《ね》を張《は》っていたのです。そうして5年目《ねんめ》になると、竹《たけ》が一気《いっき》に25mも、のびたというのです。

*ここに載《の》せたのは要約《ようやく》です。この『中国《ちゅうごく》の竹《たけ》の奇跡《きせき》』というお話《はなし》の全文《ぜんぶん》は、『7つの習慣《しゅうかん》 ファミリー』(スティーブン・R.コヴィー著《ちょ》)という本《ほん》で紹介《しょうかい》されています

バスケットボールにも通《つう》じるお話《はなし》です。□□するために、いっしょうけんめい練習《れんしゅう》し続《つづ》けます。でも数週間《すうしゅうかん》、数《すう》カ《か》月間《げつかん》、もしかすると数年間《すうねんかん》、何《なに》も□□が感《かん》じられないこともあります。

でもそこであきらめず、がまん強《づよ》く練習《れんしゅう》することによって「5年目《ねんめ》」がやって来《く》る。そしてそのときこそ、まのあたりにする□□と変化《へんか》にあなたも、まわりも驚《おどろ》かされるのです。

\ヒント/ hint

ひらがなだと五文字《ごもじ》です。

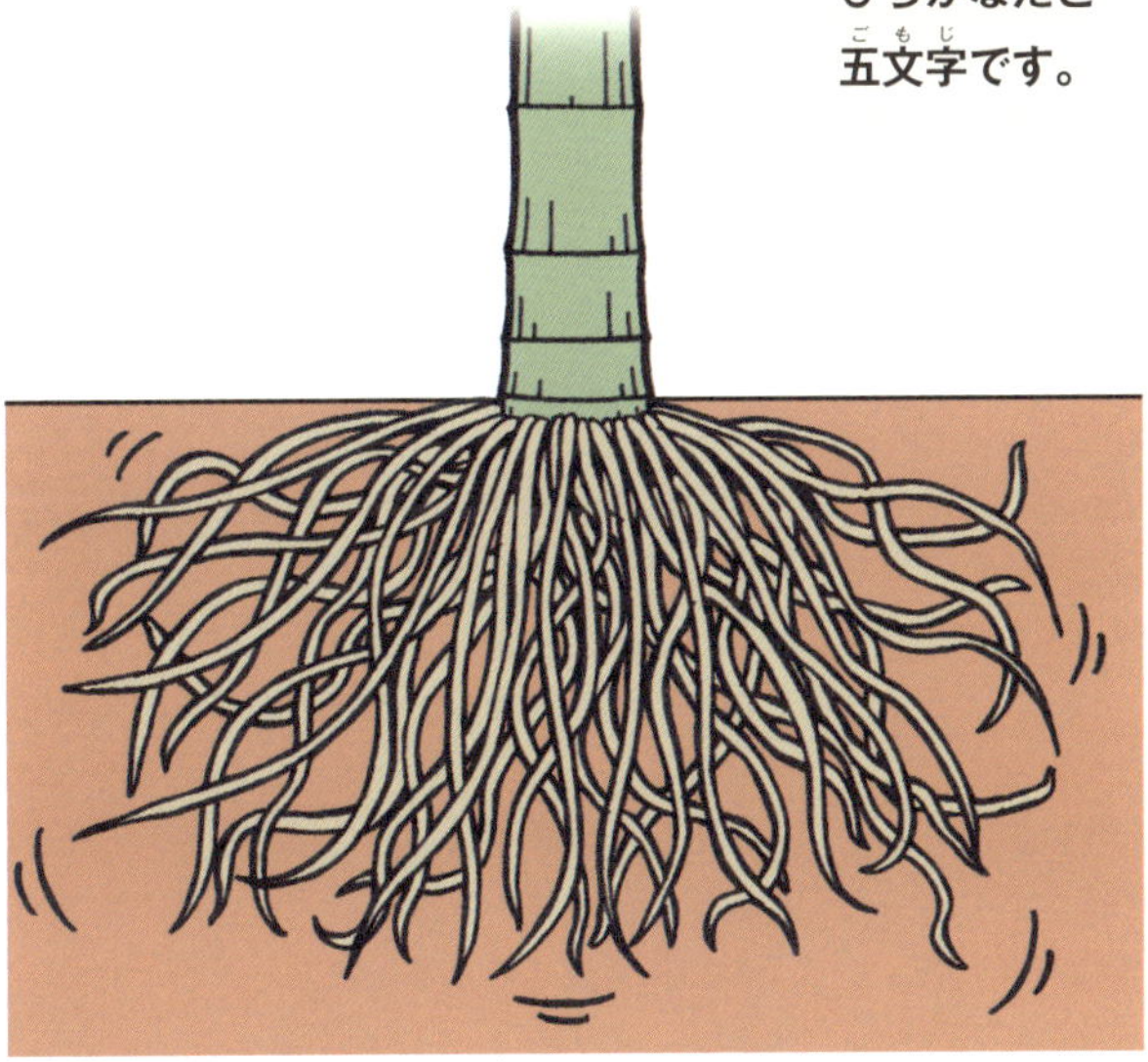

46の答《こた》え ▶ 成長《せいちょう》

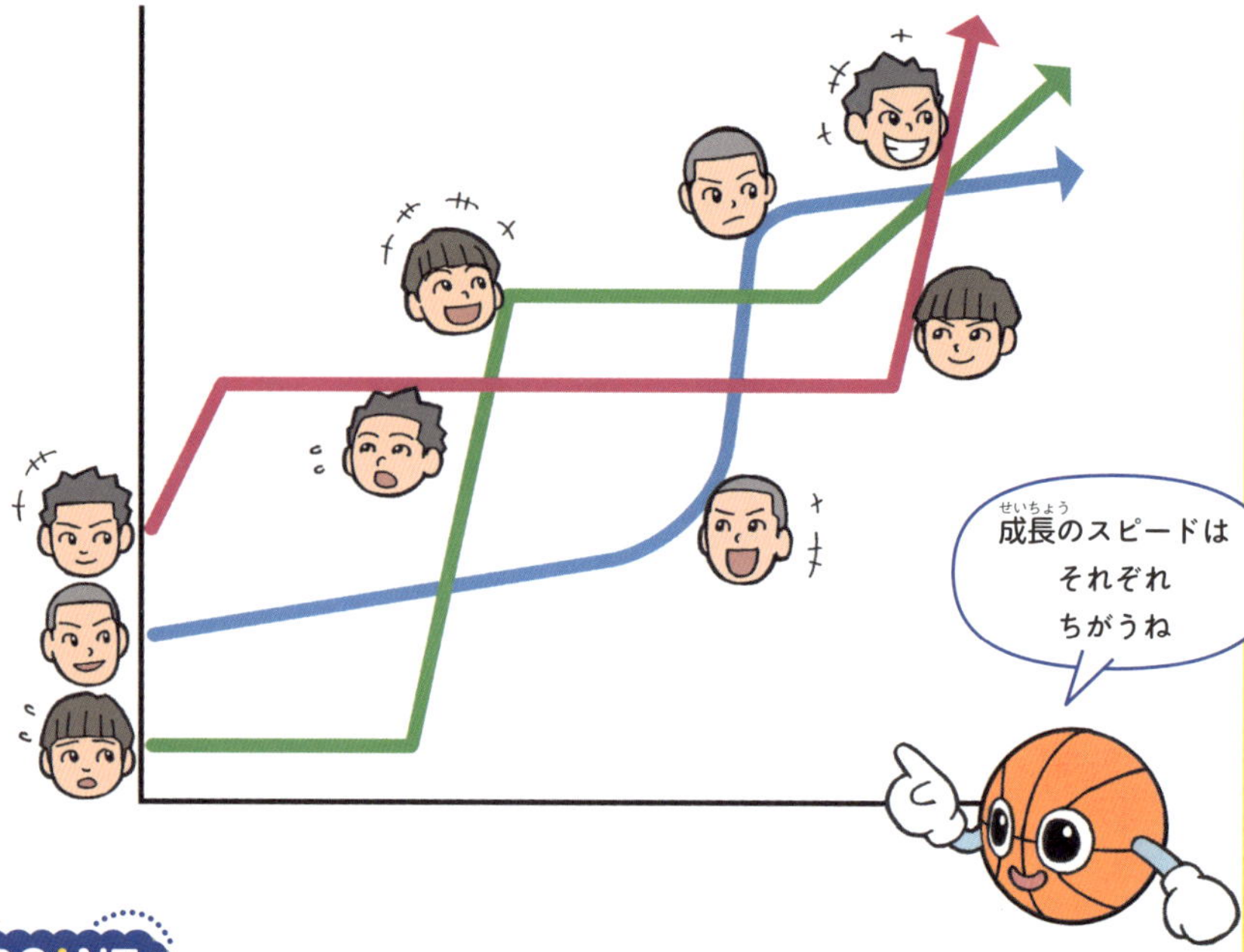

PO!NT

成長《せいちょう》には差《さ》がある

ほかにも、いろいろな言葉《ことば》が見《み》つかりそうですが、みなさんに考《かんが》えてほしいのはまさに、選手《せんしゅ》の「成長《せいちょう》」についてです。

みなさんのなかには、ほかの人《ひと》よりうまくならないと、あせっている方《かた》も少《すく》なくないでしょう。でも「成長《せいちょう》には差《さ》がある」のです。おとなの体《からだ》つきになるのが早《はや》い子《こ》もいれば、遅《おそ》い子《こ》もいます。

そもそも同《おな》じ学年《がくねん》とはいえ、4月《がつ》生《う》まれの選手《せんしゅ》と3月《がつ》生《う》まれの選手《せんしゅ》とでは、約《やく》1年《ねん》の差《さ》があります。ですから目先《めさき》の活躍《かつやく》だけにとらわれず、「努力《どりょく》してベストを尽《つ》くす」ことを大事《だいじ》にしてください。

逆《ぎゃく》もいえます。目《め》を見張《みは》る成長《せいちょう》を見《み》せて全国大会《ぜんこくたいかい》に出《で》たり、選抜《せんばつ》チームに選《えら》ばれても、それで安心《あんしん》してはいけません。そこから努力《どりょく》しなくなったら、それ以上《いじょう》の成長《せいちょう》が期待《きたい》できなくなります。つまり、地道《じみち》に努《ど》力《りょく》を続《つづ》ける選手《せんしゅ》に追《お》いつかれてしまうということです。

お父《とう》さん、お母《かあ》さん、わが子《こ》がほかの子《こ》より活躍《かつやく》しなかったからといって、がっかりしないでください。努力《どりょく》を続《つづ》けていれば、「5年目《ねんめ》」が来《く》ることを信《しん》じてあげましょう。

そして活躍《かつやく》するようになったら、気《き》を引《ひ》きしめて、努力《どりょく》を続《つづ》けるように導《みちび》くこともとても大事《だいじ》なことなのです。

問題《もんだい》 47 上級《じょうきゅう》

バスケットボールの大会《たいかい》やリーグを並《なら》べました。それぞれがどのような大会《たいかい》やリーグか、線《せん》で結《むす》んでみてください

＊なかには略称《りゃくしょう》で表記《ひょうき》しているものもあります

- ユーロリーグ
- Jr.ウインターカップ
- インカレ
- NCAA
- ウインターカップ
- NBA
- Bリーグ
- WNBA
- ユニバーシアード
- オリンピック
- インターハイ
- 全中《ぜんちゅう》
- ワールドカップ
- Wリーグ
- アジア選手権《せんしゅけん》、アジア競技大会《きょうぎたいかい》
- 全《ぜん》ミニ

- 小学生《しょうがくせい》の全国大会《ぜんこくたいかい》
- 中学生《ちゅうがくせい》の全国大会《ぜんこくたいかい》
- 中学生《ちゅうがくせい》の冬《ふゆ》の全国大会《ぜんこくたいかい》
- 高校生《こうこうせい》の冬《ふゆ》の全国大会《ぜんこくたいかい》
- 高校生《こうこうせい》の夏《なつ》の全国大会《ぜんこくたいかい》
- 日本《にほん》の大学生《だいがくせい》の全国大会《ぜんこくたいかい》
- アメリカの大学生《だいがくせい》の大会《たいかい》
- 大学生年代《だいがくせいねんだい》の世界大会《せかいたいかい》
- アメリカ女子《じょし》プロリーグ
- 日本国内女子《にほんこくないじょし》のトップリーグ
- 日本国内男子《にほんこくないだんし》プロリーグ（＊2016年《ねん》開始《かいし》）
- ヨーロッパのプロリーグ
- アメリカ男子《だんし》プロリーグ
- アジア各国《かっこく》で争《あらそ》われるバスケットボールの大会《たいかい》
- 世界各国《せかいかっこく》で争《あらそ》われるバスケットボールの大会《たいかい》
- 世界各国《せかいかっこく》で争《あらそ》われるいろいろな競技《きょうぎ》の大会《たいかい》

47の答《こた》え

ユーロリーグ
Jr.ウインターカップ
インカレ
NCAA
ウインターカップ
NBA
Bリーグ
WNBA
ユニバーシアード
オリンピック
インターハイ
全中《ぜんちゅう》
ワールドカップ
Wリーグ
アジア選手権《せんしゅけん》、アジア競技大会《きょうぎたいかい》
全《ぜん》ミニ

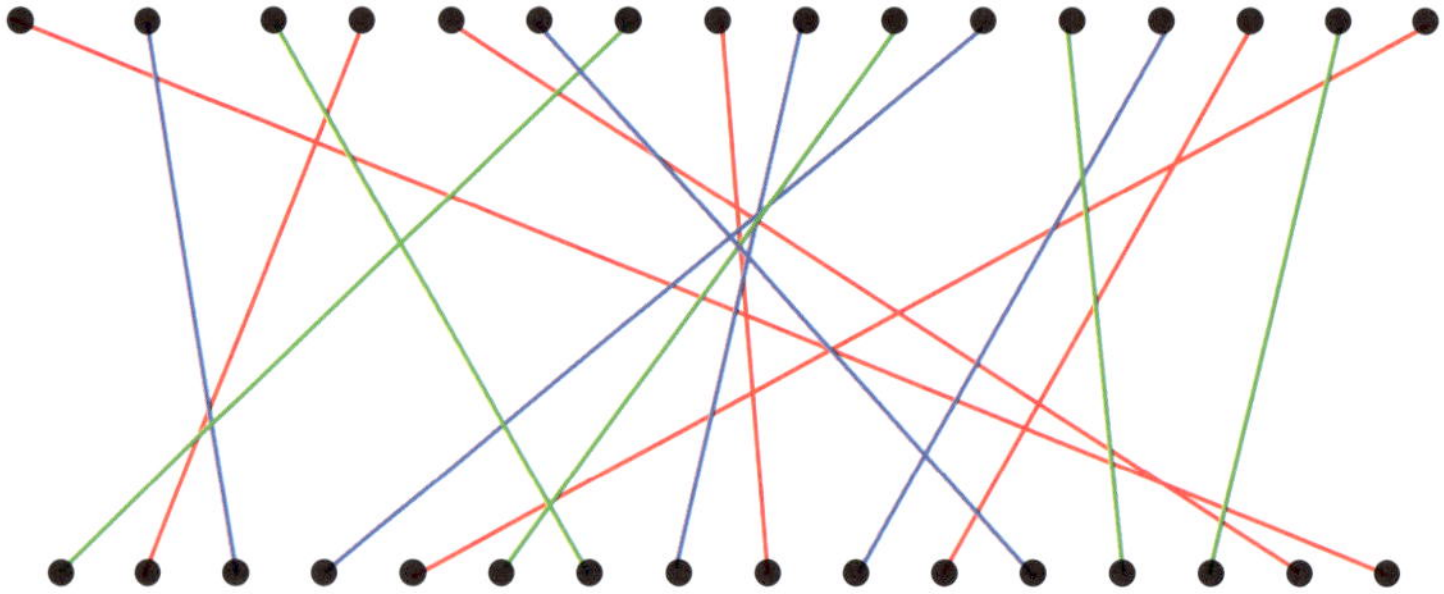

小学生《しょうがくせい》の全国大会《ぜんこくたいかい》
中学生《ちゅうがくせい》の全国大会《ぜんこくたいかい》
中学生《ちゅうがくせい》の冬《ふゆ》の全国大会《ぜんこくたいかい》
高校生《こうこうせい》の冬《ふゆ》の全国大会《ぜんこくたいかい》
高校生《こうこうせい》の夏《なつ》の全国大会《ぜんこくたいかい》
日本《にほん》の大学生《だいがくせい》の全国大会《ぜんこくたいかい》
アメリカの大学生《だいがくせい》の大会《たいかい》
大学生年代《だいがくせいねんだい》の世界大会《せかいたいかい》
アメリカ女子《じょし》プロリーグ
日本国内女子《にほんこくないじょし》のトップリーグ
日本国内男子《にほんこくないだんし》プロリーグ（＊2016年開始《ねんかいし》）
ヨーロッパのプロリーグ
アメリカ男子《だんし》プロリーグ
アジア各国《かっこく》で争《あらそ》われるバスケットボールの大会《たいかい》
世界各国《せかいかっこく》で争《あらそ》われるバスケットボールの大会《たいかい》
世界各国《せかいかっこく》で争《あらそ》われるいろいろな競技《きょうぎ》の大会《たいかい》

POINT

スーパープレーを見《み》てまねして目標《もくひょう》にしよう

年齢性別《ねんれいせいべつ》、そして国籍《こくせき》を問《と》わず、これだけ多《おお》くの大会《たいかい》やリーグが世界中《せかいじゅう》で行《おこな》われています。バスケットボールがスポーツのなかでもっとも競技人口《きょうぎじんこう》が多《おお》いという統計《とうけい》があります。みなさんにはぜひ会場《かいじょう》に足《あし》を運《はこ》んだり、テレビやインターネットを見《み》たりして、すばらしいプレーをたくさん目《め》に焼《や》きつけて、まねしてほしいものです。そして大舞台《だいぶたい》で自分《じぶん》がプレーしている姿《すがた》を思《おも》い描《えが》いて目標《もくひょう》にしましょう。

ふろく

コーディネーション＆ボールハンドリングテスト

みんなは
どれだけ
できる？

最後《さいご》に紹介《しょうかい》するのは、クイズではなく、実際《じっさい》に体《からだ》を動《うご》かす「コーディネーション＆ボールハンドリングテスト」です。「コーディネーション」とは簡《かん》単《たん》にいうと、自分《じぶん》の体《からだ》を思《おも》った通《とお》りに動《うご》かす能力《のうりょく》のことで、「ボールハンドリング」とはボールをあつかう技術《ぎじゅつ》のことです。

ここから139ページまでのテストがすべてクリアできれば、「100点《てん》満点《まんてん》」です。今《いま》の時《じ》点《てん》で何点《なんてん》取《と》れるかトライしてみましょう。

❶ボール体幹《たいかん》

体《からだ》の中心部《ちゅうしんぶ》「体幹《たいかん》」を強《つよ》くするトレーニングです。脳《のう》から発《はっ》せられる運動《うんどう》の信号《しんごう》は、この体幹《たいかん》を通《とお》って手足《てあし》に伝《つた》わっていくため、練習《れんしゅう》の最初《さいしょ》に体幹《たいかん》を刺激《しげき》するメニューを取《と》り入《い》れるとよいと私《わたし》たちは考《かんが》えています。このような練《れん》習《しゅう》を取《と》り入《い》れ、小学生《しょうがくせい》のうちから少《すこ》しずつトレーニングをすることによって、体《からだ》が強《つよ》くなりバスケットボールがうまくなります。

重《おも》いものを持《も》ち上《あ》げたりするトレーニングは成長《せいちょう》をさまたげることがあるので、このように安全《あんぜん》で楽《たの》しいトレーニングが適《てき》しています。ここではボールを使《つか》った楽《たの》しいトレーニングをピックアップして紹介《しょうかい》しておきましょう。体《からだ》のラインがまっすぐになるように意識《いしき》して、正《ただ》しい姿勢《しせい》で行《おこな》うことが大切《たいせつ》です。

テスト1

うつぶせの状態《じょうたい》でボールに両手《りょうて》をのせ、体《からだ》を安定《あんてい》させます。背中《せなか》から足《あし》のラインが一直線《いっちょくせん》になるようにしましょう。

グラグラしないでできるかなー？

10秒《びょう》キープ
できたら2点《てん》

テスト2

うつぶせの状態《じょうたい》でボールに両足《りょうあし》をのせ、体《からだ》を安定《あんてい》させます。背中《せなか》から足《あし》のラインが一直線《いっちょくせん》になるようにしましょう。

10秒《びょう》キープできたら2点《てん》

テスト3

あおむけになり両肩《りょうかた》と両足《りょうあし》で体《からだ》をささえます。さらに両足《りょうあし》をボールの上《うえ》にのせて、体《からだ》を安定《あんてい》させ、体《からだ》のラインが一直線《いっちょくせん》になるようにしましょう。

10秒《びょう》キープできたら2点《てん》

テスト4

床《ゆか》に一方《いっぽう》の手《て》をつき、横向《よこむ》きの姿勢《しせい》をとります。その際《さい》に両足《りょうあし》でボールをはさみ、体《からだ》を安定《あんてい》させます。体《からだ》のラインが一直線《いっちょくせん》になるようにしましょう。

左右両方《さゆうりょうほう》とも
10秒《びょう》キープできたら4点《てん》。
片方《かたほう》しかできなければ2点《てん》

★テスト１から４まですべてできると、合計《ごうけい》10点《てん》

❷カップリング

上半身《じょうはんしん》と下半身《かはんしん》でそれぞれ決《き》められた動《うご》きを行《おこな》います。この練習《れんしゅう》を通《つう》じて、上半身《じょうはんしん》と下半身《かはんしん》を正確《せいかく》に使《つか》えるようになります。みんなは上半身《じょうはんしん》と下半身《かはんしん》のリズムを合《あ》わせて、スムーズにできるかな？

テスト1

次《つぎ》の動《うご》きを行《おこな》い、

15回《かい》手《て》をたたけたら1点《てん》

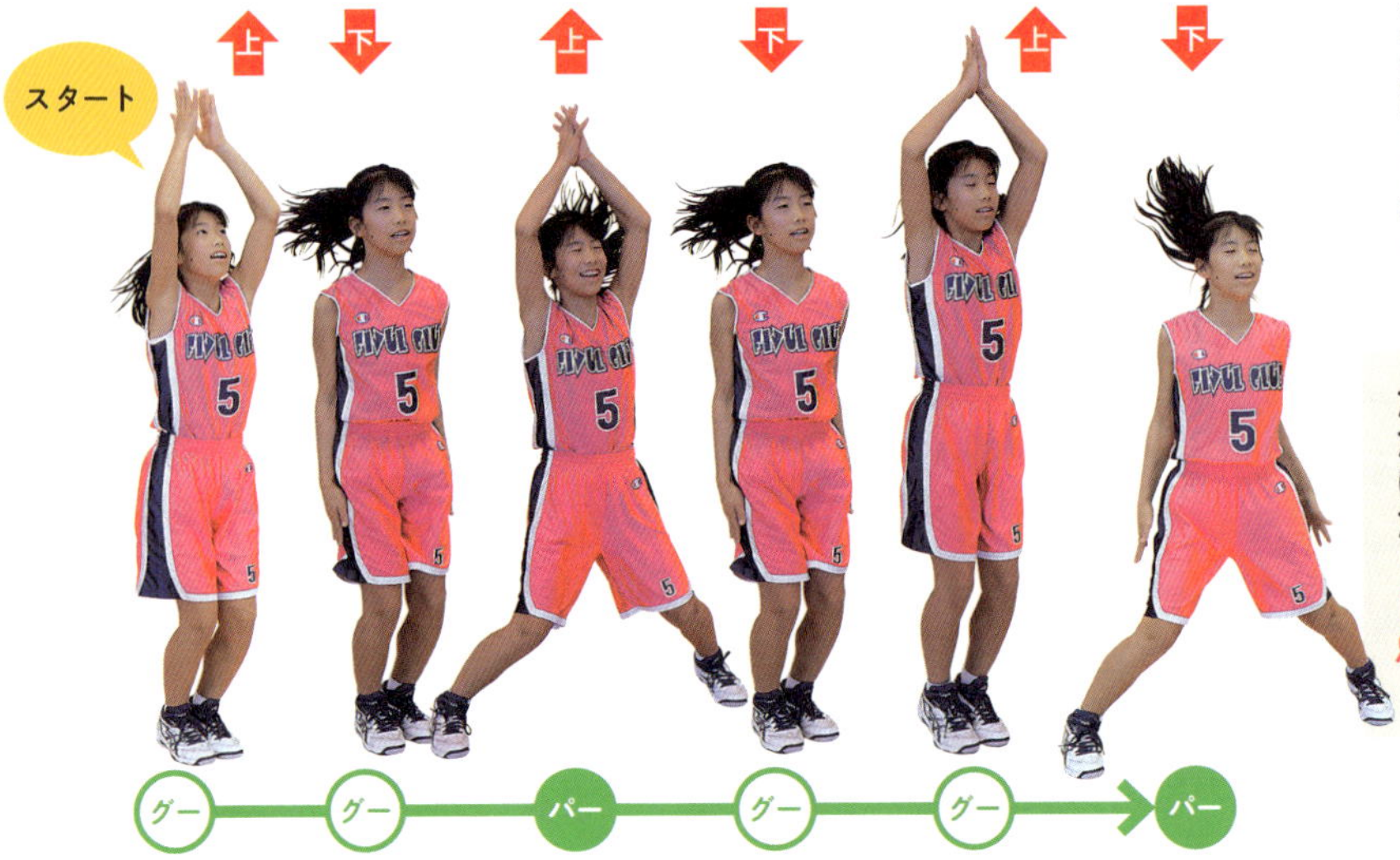

テスト2

次《つぎ》の動《うご》きを行《おこな》い、

15回《かい》手《て》をたたけたら1点《てん》

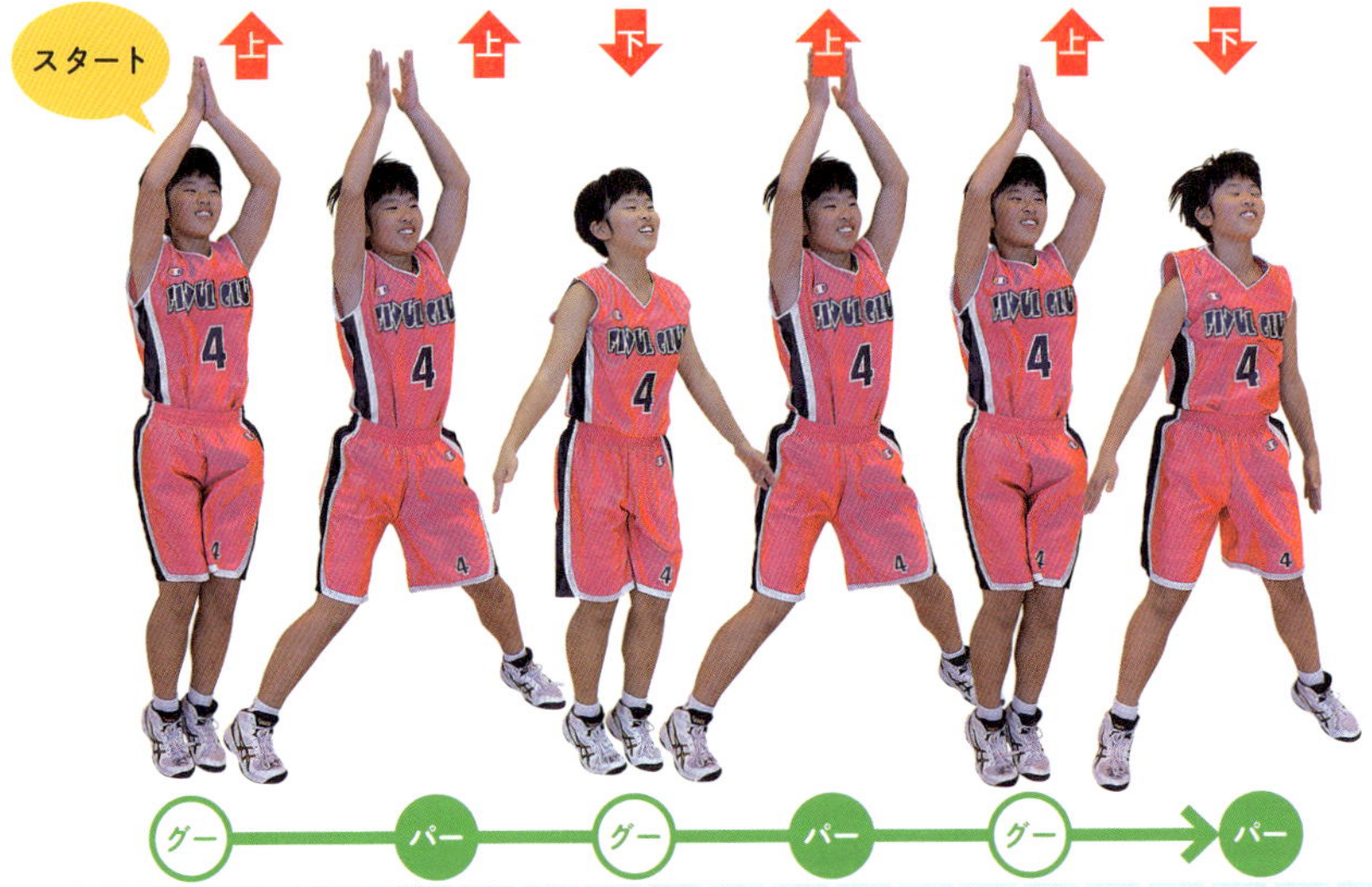

テスト3

スキップで進《すす》みながら次《つぎ》の動《うご》きを、
サイドラインから
サイドラインまでできたら2点《てん》

テスト4

スキップで進《すす》みながら次《つぎ》の動《うご》きを、
サイドラインから
サイドラインまでできたら3点《てん》

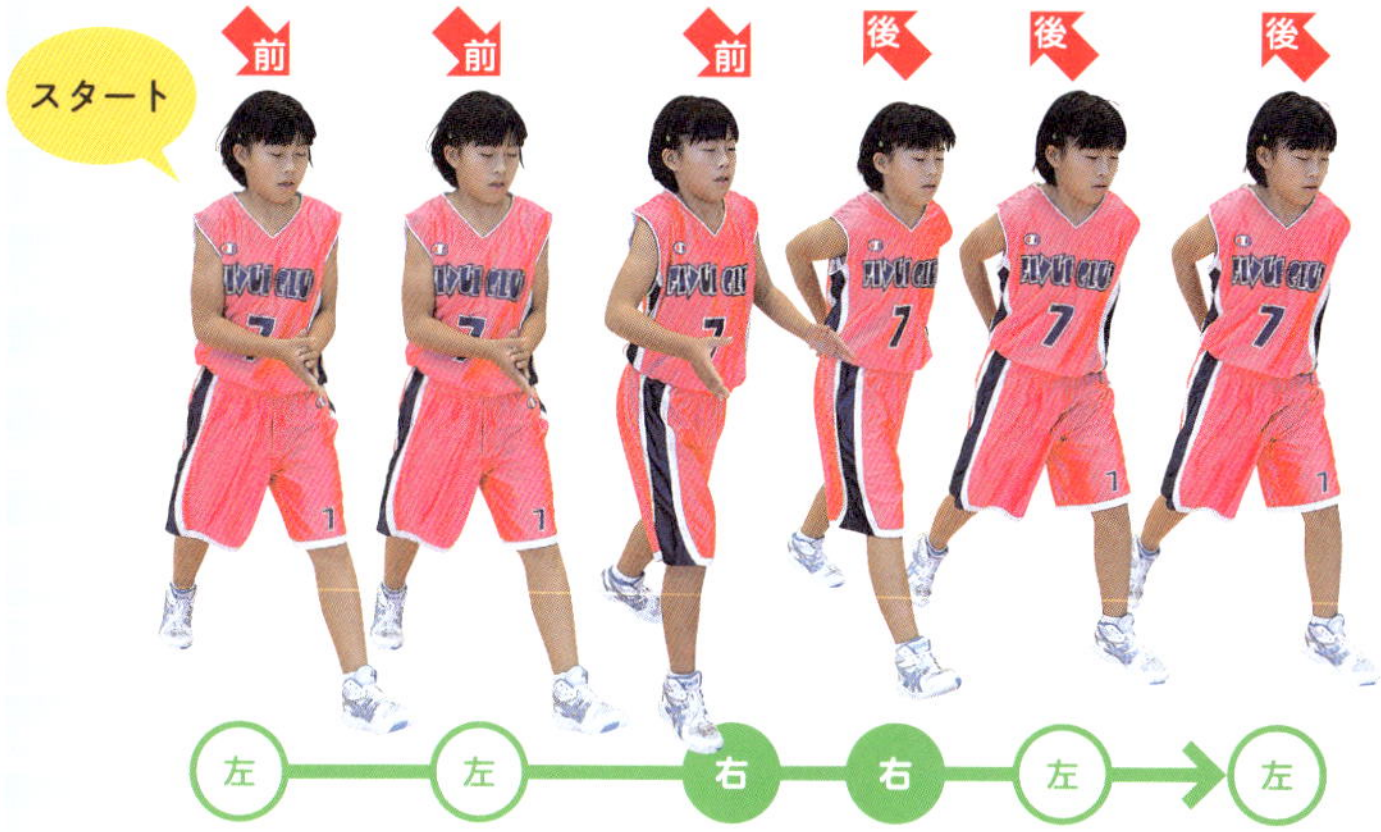

テスト5

スキップで進《すす》みながら次《つぎ》の動《うご》きを、
サイドラインから
サイドラインまでできたら3点《てん》

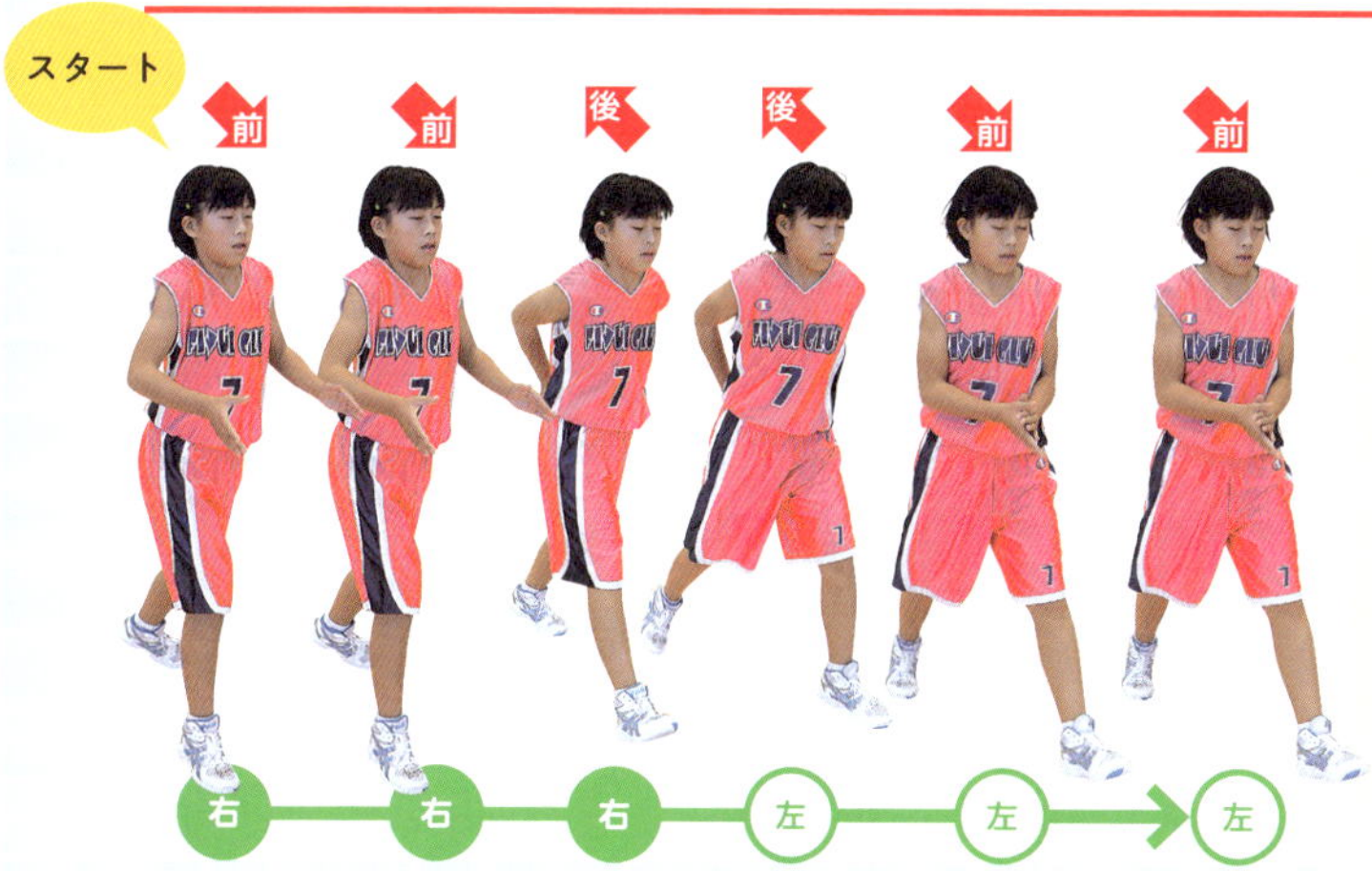

★テスト１から５まですべてできると、合計《ごうけい》10点《てん》

③ボールのせ

二《ふた》つのボールを使《つか》う、遊《あそ》びのような練習《れんしゅう》です。このような練習《れんしゅう》で、腕《うで》のコントロールがきめ細《こま》やかになり、「ボールの中心《ちゅうしん》」をとらえることができるようになります。上《うえ》のボールの真下《ました》でボールを持《も》つようにし、ずれたら再《ふたた》びボールを真下《ました》に移動《いどう》します。みんなはできるかな？

テスト1

両手《りょうて》でボールを持《も》ち、その上《うえ》にボールを一《ひと》つ、チームメイトにのせてもらいます。

10秒《びょう》キープ
できたら2点《てん》

テスト2

両手《りょうて》でボールを持《も》ち、その上《うえ》にボールを一《ひと》つ、チームメイトにのせてもらい、コートの端《はし》から端《はし》まで走《はし》ります。

サイドラインから
サイドラインまで
できたら3点《てん》

テスト3

片手《かたて》でボールを持《も》ち、その上《うえ》にボールをもう一《ひと》つ、自分《じぶん》でのせます。

ボールの中心《ちゅうしん》を
意識《いしき》してね

10秒《びょう》キープ
できたら5点《てん》

★テスト1から3まですべてできると、合計《ごうけい》10点《てん》

❹たたきキャッチ

ボールを頭上《ずじょう》に投《な》げて、いろいろなところをたたいて、落《お》ちてくるボールをキャッチする練習《れんしゅう》です。このような練習《れんしゅう》で、ボールを投《な》げている間《あいだ》に別《べつ》のことができるようになり、同時《どうじ》に二《ふた》つのことをする力《ちから》が身《み》につきます。次《つぎ》の順《じゅん》にトライしてみてください。

テスト 1　頭《あたま》をたたいてキャッチします。　キャッチできたら1点《てん》

テスト 2　頭《あたま》―おなかをたたいてキャッチします。　キャッチできたら2点《てん》

テスト 3　頭《あたま》―おなか―ヒザをたたいてキャッチします。　キャッチできたら3点《てん》

テスト 4　頭《あたま》―おなか―ヒザ―床《ゆか》をたたいてキャッチします。　キャッチできたら4点《てん》

テスト 5　頭《あたま》―おなか―ヒザ―床《ゆか》をたたいて、さらに一回転《いっかいてん》してキャッチします。　キャッチできたら5点《てん》

★テスト１から５まですべてできると、合計《ごうけい》15点《てん》

⑤ボディサークル

体《からだ》のいろいろなところでボールを回《まわ》す練習《れんしゅう》です。顔《かお》をしっかりとあげて、ミスをおそれずにできるだけ素早《すばや》く、体《からだ》の近《ちか》くでボールを動《うご》かしましょう。逆回《ぎゃくまわ》りも忘《わす》れずに行《おこな》ってください。

テスト1

おなかのまわりでボールを回《まわ》します

10秒間《びょうかん》で20周《しゅう》、回《まわ》せたら5点《てん》
15周《しゅう》なら2点《てん》　10周《しゅう》なら1点《てん》

テスト2

片足《かたあし》のまわりでボールを回《まわ》します

10秒間《びょうかん》で23周《しゅう》、回《まわ》せたら5点《てん》　18周《しゅう》なら2点《てん》　13周《しゅう》なら1点《てん》

テスト３

頭《あたま》－おなか－ヒザ－おなか－頭《あたま》の順《じゅん》に、ボールを回《まわ》します。

10秒間《びょうかん》で18周《しゅう》、回《まわ》せたら5点《てん》
13周《しゅう》なら3点《てん》　8周《しゅう》なら1点《てん》

★テスト１から３まですべてできると、合計《ごうけい》15点《てん》

❻開脚《かいきゃく》ドリブル

すわりながらドリブルの練習《れんしゅう》をすることができます。顔《かお》をあげていろいろなボールのつき方《かた》にトライしてみましょう。ボールの上半《うえはん》分《ぶん》をなでるようにしてコントロールすることが大切《たいせつ》です。さらに、二《ふた》つのボールを使《つか》って行《おこな》ってみてください。利《き》き手《て》だけでなく、逆《ぎゃく》の手《て》でもドリブルをつけるようになりましょう。

テスト1

右手《みぎて》でついたあと、右《みぎ》手《て》で両足《りょうあし》の真《ま》ん中《なか》でつき、そして左手《ひだりて》でつきます。さらに左手《ひだりて》で左側《ひだりがわ》でつき、ボールを左右《さゆう》に移動《いどう》させます。

両手《りょうて》を使《つか》って連続《れんぞく》で10回《かい》つけたら3点《てん》

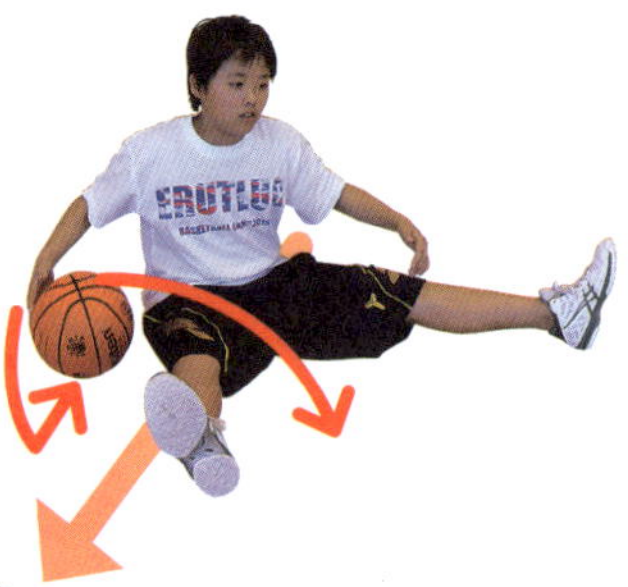

テスト2

利《き》き手《て》が右手《みぎて》の選手《せんしゅ》は、右《みぎ》手《て》でついたあと、右手《みぎて》で両足《りょうあし》の真《ま》ん中《なか》でつき、そのまま右手《みぎて》で左《ひだり》につきます。さらに右手《みぎて》で両足《りょうあし》の真《ま》ん中《なか》でつき、ボールを左右《さゆう》に移《い》動《どう》させます。

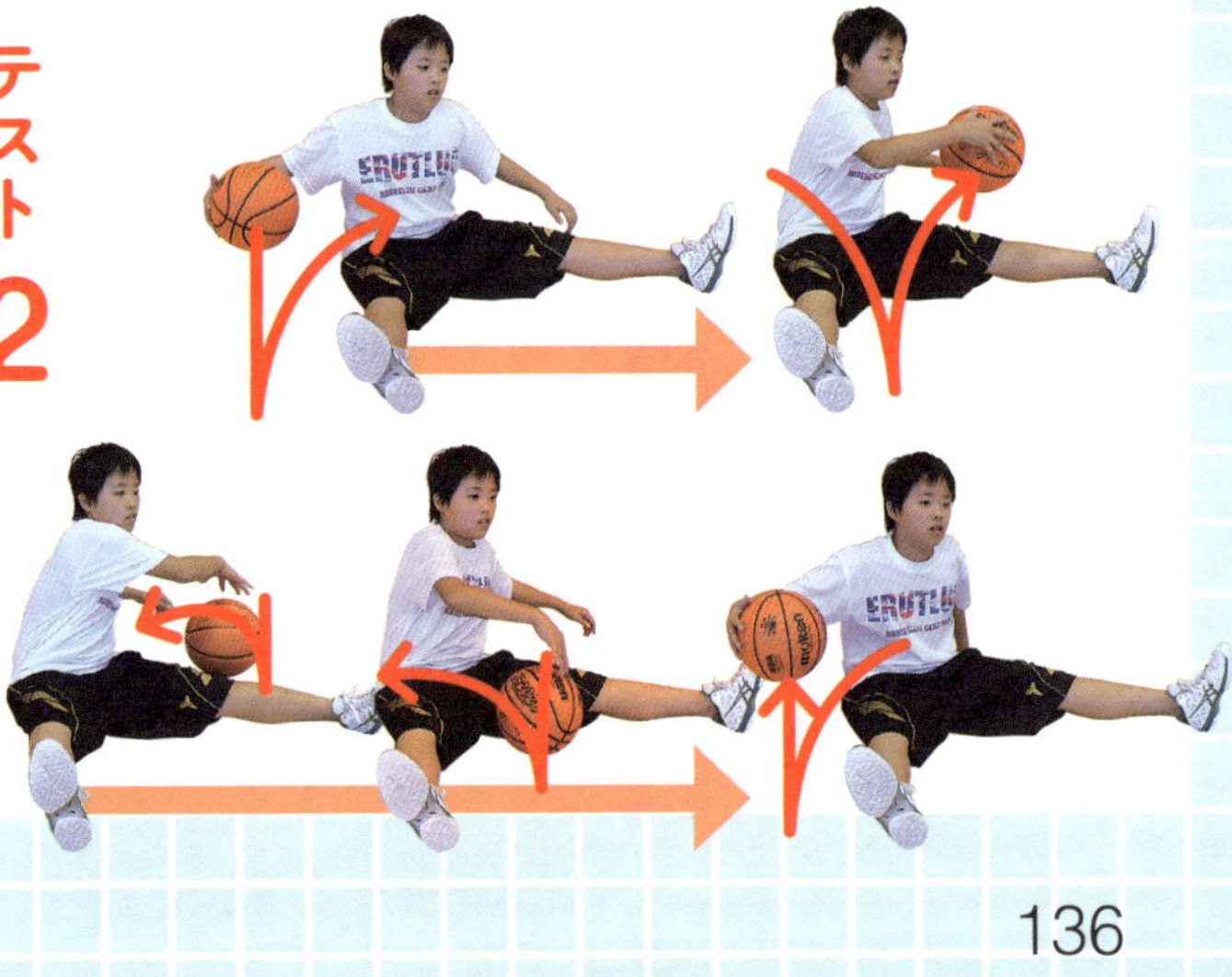

利《き》き手《て》だけで連続《れんぞく》で10回《かい》つけたら3点《てん》

テスト3

利《き》き手《て》が右手《みぎて》の選手《せんしゅ》は、左手《ひだりて》でついたあと、左手《ひだりて》で両足《りょうあし》の真《ま》ん中《なか》でつき、そのまま左手《ひだりて》で右《みぎ》につきます。さらに左手《ひだりて》で両足《りょうあし》の真《ま》ん中《なか》でつき、ボールを左右《さゆう》に移動《いどう》させます。

利《き》き手《て》でない手《て》だけで連続《れんぞく》で10回《かい》つけたら4点《てん》

テスト4

ツーボールで(二《ふた》つのボールを使《つか》い)、左手《ひだりて》はその場《ば》でつき続《つづ》けます。右手《みぎて》で右《みぎ》ー真《ま》ん中《なか》の順《じゅん》についで動《うご》かします。逆側《ぎゃくがわ》も同様《どうよう》に行《おこな》います。

ツーボールで片方《かたほう》だけ連続《れんぞく》で10回《かい》つけたら5点《てん》

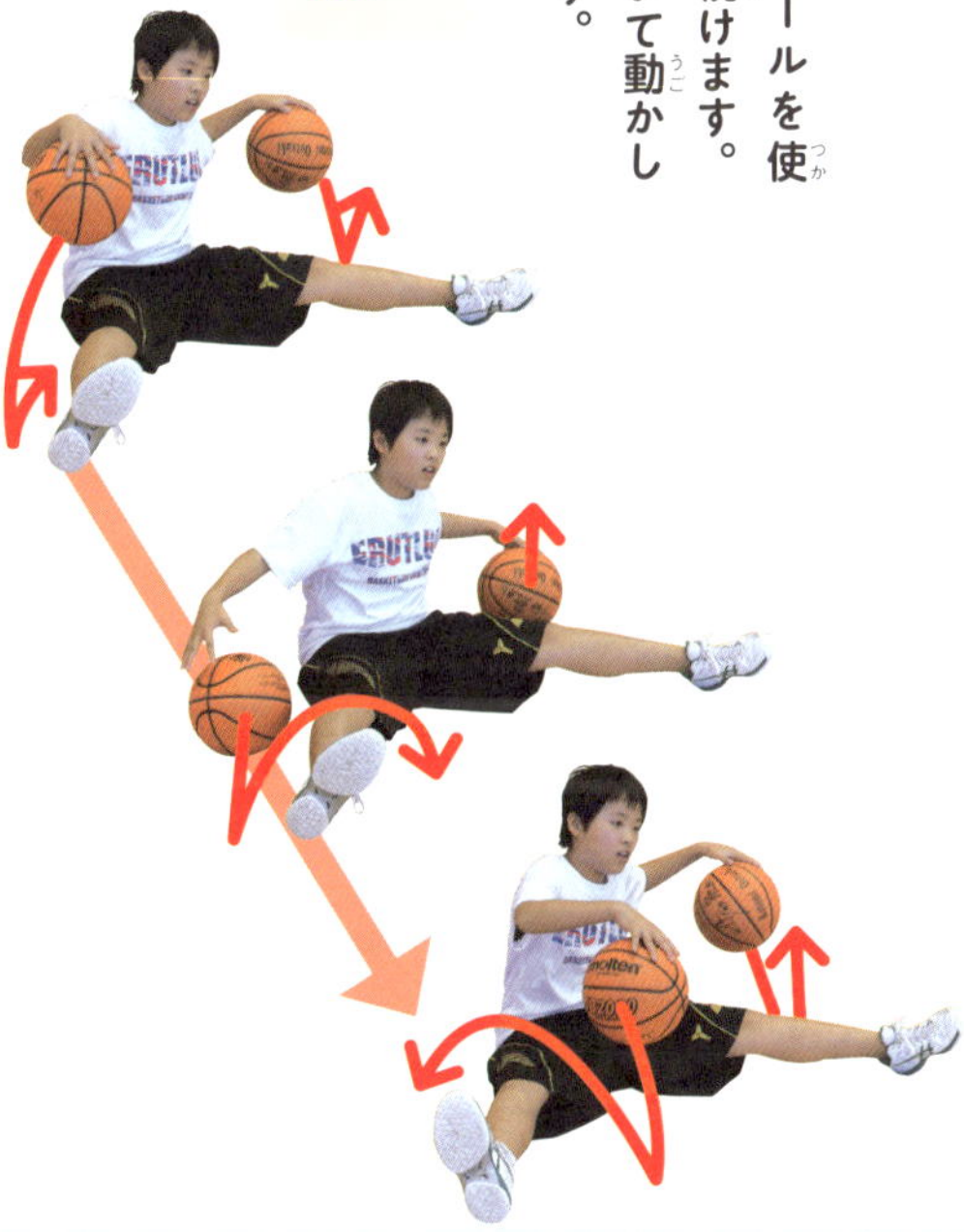

テスト5

二《ふた》つのボールを同時《どうじ》につき、右手《みぎて》は真《ま》ん中《なか》ー右《みぎ》、左手《ひだりて》は左《ひだり》ー真《ま》ん中《なか》の順《じゅん》に、それぞれのボールがぶつからないように移動《いどう》させます。

ツーボールで両方同時《りょうほうどうじ》に連続《れんぞく》で10回《かい》つけたら5点《てん》

★テスト1から5まですべてできると、合計《ごうけい》20点《てん》

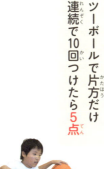

⑦タップ

バックボードにぶつけたボールを空中《くうちゅう》でキャッチ。そのまま再《ふたた》びぶつけてから着地《ちゃくち》し、すぐさまジャンプしてぶつける動《うご》きをくり返《かえ》します。バランスがくずれないように心《こころ》がけ、できるだけ高《たか》いところでキャッチすることが大切《たいせつ》です。これがリバウンドやジャンプシュートの強化《きょうか》につながります。激《はげ》しい運動《うんどう》なので、体《からだ》が十分《じゅうぶん》に温《あたた》まってから行《おこな》うようにしましょう。

テスト1

両手《りょうて》でキャッチして、両手《りょうて》でボールをバックボードにぶつけます。

両手《りょうて》で連続《れんぞく》10回《かい》できたら3点《てん》

テスト2

利《き》き手《て》でキャッチして、利《き》き手《て》でボールをバックボードにぶつけます。

利《き》き手《て》で連続《れんぞく》10回《かい》できたら4点《てん》

テスト3

利《き》き手《て》ではない手《て》だけでキャッチして、その手《て》でボールをバックボードにぶつけます。

利《き》き手《て》ではない手《て》で連続《れんぞく》10回《かい》できたら6点《てん》

テスト4

左右《さゆう》の手《て》で交互《こうご》にキャッチして、その手《て》でボールをバックボードにぶつけます。

左右交互《さゆうこうご》に連続《れんぞく》10回《かい》できたら

7点《てん》

★テスト1から4まで
すべてできると、合計《ごうけい》20点《てん》

テスト判定《はんてい》

みんなは、何点《なんてん》とれたかな？　点数《てんすう》が悪《わる》くてもがっかりする必要《ひつよう》はありません。何度《なんど》も練習《れんしゅう》して、できるようになればいいのです！

1 ボール体幹《たいかん》
テスト1…2点《てん》
テスト2…2点《てん》
テスト3…2点《てん》
テスト4…4点《てん》
（　）点《てん》

2 カップリング
テスト1…1点《てん》
テスト2…1点《てん》
テスト3…2点《てん》
テスト4…3点《てん》
テスト5…3点《てん》
（　）点《てん》

3 ボールのせ
テスト1…2点《てん》
テスト2…3点《てん》
テスト3…5点《てん》
（　）点《てん》

4 たたきキャッチ
テスト1…1点《てん》
テスト2…2点《てん》
テスト3…3点《てん》
テスト4…4点《てん》
テスト5…5点《てん》
（　）点《てん》

5 ボディサークル
テスト1…5点《てん》
テスト2…5点《てん》
テスト3…5点《てん》
（　）点《てん》

6 開脚《かいきゃく》ドリブル
テスト1…3点《てん》
テスト2…3点《てん》
テスト3…4点《てん》
テスト4…5点《てん》
テスト5…5点《てん》
（　）点《てん》

7 タップ
テスト1…3点《てん》
テスト2…4点《てん》
テスト3…6点《てん》
テスト4…7点《てん》
（　）点《てん》

1（　）+ 2（　）+ 3（　）+ 4（　）+ 5（　）+ 6（　）+ 7（　）
= 合計《ごうけい》（　）点《てん》

合計点《ごうけいてん》…

0~39　もう少《すこ》し がんばりましょう

40~59　ふつう

60~79　よくできました

80~100　たいへん よくできました

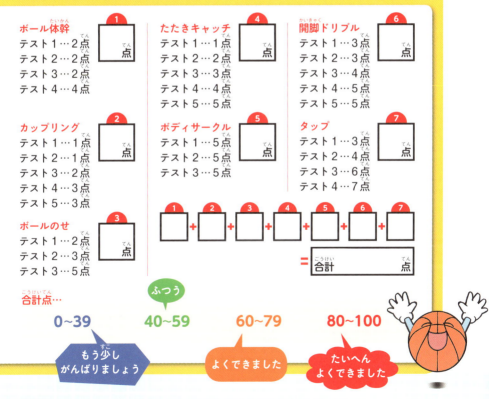

バスケットボール用《よう》語《ご》集《しゅう》(さくいん)

ア

アームバー …… 38・118
ドリブルをつくときなどに、前《まえ》に出《だ》す腕《うで》のこと

1対《たい》1 …… 101・104
1人《ひとり》の攻撃《こうげき》に対《たい》して、ディフェンスが1人《ひとり》つくこと

ウェルカムスタンス …… 98
足《あし》を引《ひ》いてしまいゴールへのコースが空《あ》いてしまう、正《ただ》しくないディフェンス

オーバータイム …… 31～33・86
指定《してい》の秒数以上《びょうすういじょう》ボールを持《も》っているととられる反則《はんそく》

オフェンス …… 40・42・101・118
攻《せ》めているチームおよび選手《せんしゅ》

オフェンスファウル …… 118
オフェンスが相手《あいて》ディフェンスにぶつかる反則《はんそく》。「チャージング」ともいう

カ

回内《かいない》 …… 66
両手《りょうて》をひねるような動《うご》き

カップリング …… 130・131
上半身《じょうはんしん》と下半身《かはんしん》でそれぞれ決《き》められた動《うご》きを行《おこな》えるようにする練習《れんしゅう》

カラーコーン(カラーマーカー) …… 102
目安《めやす》として置《お》く練習用具《れんしゅうようぐ》

ギャロップステップ …… 33・34
大《おお》きな相手《あいて》や2人《ふたり》がかりのディフェンスをかわすテクニック

コーディネーション …… 127
自分《じぶん》の体《からだ》を思《おも》った通《とお》りに動《うご》かす能力《のうりょく》のこと

コーナー …… 100・110～112
コートの四《よ》つ角《かど》

ゴール …… 8～10・19・21・36・77 ほか
得点《とくてん》になるところ

ゴールライン …… 100
ボールを持《も》つ相手《あいて》とゴールとを結《むす》んだ仮想《かそう》のライン

サ

サイドライン …… 67・110～112・131・132
コートの横《よこ》のライン

軸足《じくあし》 …… 86～90
ボールを持《も》っているとき、床《ゆか》につけておくほうの足《あし》

ジャンプボール …… 89
ゲームを開始《かいし》するとき、2人《ふたり》がジャンプしてボールをはじくこと

シューティング …… 19
シュートを打《う》つ動作《どうさ》および練習《れんしゅう》のこと

シューティングライン …… 20
ボールとリングを結《むす》んだ架空《かくう》のライン

シュート …… 8～34・41・82 ほか
得点《とくてん》となるプレーのこと

シュートフォーム …… 19・22
シュートを打《う》つときのかっこう

スウィッシュシュート …… 12
リングの真《ま》ん中《なか》に『すぽっ』と入るシュート

スクリーンアウト …… 108・117・118
リバウンドのとき、相手《あいて》をゴールに近《ちか》づかせないこと。「ボックスアウト」ともいう

ストライクパス …… 64
パスを受《う》けた選手《せんしゅ》が次《つぎ》のプレーにすぐに移《うつ》りやすいパス

スワンシュート …… 24～26
白鳥《はくちょう》のような形《かたち》になる正《ただ》しいシュート姿勢《しせい》

制限区域《せいげんくいき》 …… 21・76・80・110・112 ほか
ゴール前《まえ》に引《ひ》かれている四角形《しかくけい》のエリア

センターライン …… 110～112
コートの真《ま》ん中《なか》のライン

速攻《そっこう》 …… 103
ディフェンスがもどる前《まえ》に速《はや》く攻《せ》めること

タ

体幹《たいかん》 …… 116・128・129

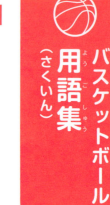

頭《あたま》と手《て》足《あし》をのぞく、どう体《たい》の部分《ぶぶん》

タップ …… 138
ボールをはじくこと

ダブルチェンジ …… 59・60
一《ひと》つのドリブルと別《べつ》のドリブルを組《く》み合《あ》わせる連続《れんぞく》プレー

ダブルドリブル …… 72・91・92
ドリブルを止《と》めたあと、またドリブルする反則《はんそく》

チームスポーツ …… 62・120
バスケットボールのように、1チーム2人《ふたり》以上《いじょう》で行《おこな》うスポーツのこと

チェストパス …… 65〜67
自分《じぶん》の胸《むね》から出《だ》すパス

ツーエル（2L） …… 30
シュートを打《う》つときの手首《てくび》とヒジの角度《かくど》

ディフェンス …… 9・27・31・37〜42・94〜108 ほか
守《まも》っているチームおよび選手《せんしゅ》

ディフェンスリバウンド …… 107
シュートミスしたボールをディフェンスがとるプレー

トラベリング …… 36・88〜90
ボールを持《も》って3歩《ぽ》以上《いじょう》歩《ある》く反則《はんそく》

ドリブル …… 31・36〜60・82・136 ほか
床《ゆか》にボールをついて移動《いどう》するプレー

トリプルスレット …… 83・84
シュート、ドリブル、パス、なんでもできる基本姿勢《きほんしせい》

ハ

パス …… 62〜80 ほか
仲間《なかま》にボールを渡《わた》すプレー

バックスピン …… 67・68
逆回転《ぎゃくかいてん》。前《まえ》にはずませたとき、自分《じぶん》のほうにボールがもどってくる回転《かいてん》のこと

バックボード …… 14・16・138・139
ゴールを取《と》りつけている板《いた》

ハンズアップ …… 95・96
手《て》をあげること

ピストルスタンス …… 106
ボールを持《も》っている選手《せんしゅ》と、自分《じぶん》がマークする選手《せんしゅ》2人《ふたり》を同時《どうじ》に指《ゆび》さすディフェンスの姿勢《しせい》

ビハインド・ザ・バック …… 55〜58・60
体《からだ》の後《うし》ろでボールを左右《さゆう》に動《うご》かし、ななめ前《まえ》にボールをつき出《だ》すドリブル

ピボット …… 85〜90
軸足《じくあし》を床《ゆか》からはなさず体《からだ》の向《む》きを変《か》えるプレー

ファウル …… 28・117・118
相手《あいて》にぶつかる反則《はんそく》

フリースロー …… 28・111
相手《あいて》がファウルしたときにもらえるシュートチャンス

ブロック …… 28・33
シュートをじゃますするディフェンスのプレー

フロントチェンジ …… 43〜46・56・59・60
体《からだ》の前《まえ》でボールを左右《さゆう》に動《うご》かすドリブル

ベースライン …… 14・110〜112
ゴール下《した》に引《ひ》かれている両端《りょうはし》のライン

ヘルプディフェンス …… 106・120
チームメイトを助《たす》ける、ディフェンスのチームプレー

ポケットパス …… 74〜76
ディフェンスをかわすパスのテクニック

ボディサークル …… 57・134・135
ボールを体《からだ》のまわりで回《まわ》す練習《れんしゅう》

ラ

リバウンド …… 32・104・107・108・138
シュートミスのボールをとること

リング …… 8・10〜16 ほか
ボールが通過《つうか》すると得点《とくてん》となる輪《わ》

レイアップシュート …… 8・13・14・42
ランニングシュートの一《ひと》つで、ゴール下《した》からボールを持《も》ちあげるようにして打《う》つシュート

レッグスルー …… 51〜54・60
両足《りょうあし》の間《あいだ》でボールを左右《さゆう》に動《うご》かすドリブル

ロールターン …… 47〜50・56・101
体《からだ》を回転《かいてん》させながらボールをつくドリブル

ワ

ワンハンドシュート …… 8・29・30
片手《かたて》で打《う》つシュート

おわりに

最初《さいしょ》の上級《じょうきゅう》クイズ（はじめに）の答《こた》えです

クイズと、ふろくのテスト、みんなはどのくらいできましたか？　できなかった人《ひと》は「なんで」できないのか工夫《くふう》することによって、うまくなれます。そして、できた人《ひと》も「どうすればもっとうまくなれるか」考《かんが》えてみてくださいね。

さて、最初《さいしょ》の上級《じょうきゅう》クイズ（はじめに）の答《こた》えです。でも正解《せいかい》は一《ひと》つではなく、みんなが考《かんが》えたなかにも正解《せいかい》はあるはずだから、解答例《かいとうれい》ということになります。

A1　自分《じぶん》がなりうる
最高《さいこう》の自分《じぶん》を目指《めざ》そう

A2　人《ひと》のせいにしない

A3　努力《どりょく》は夢中《むちゅう》に勝《か》てない

私《わたし》たちが大事《だいじ》にしている「自分《じぶん》がなりうる最高《さいこう》の自分《じぶん》を目指《めざ》そう」というのは、アメリカの名将《めいしょう》、ジョン・ウッデン（故《こ》人《じん》）という方《かた》が残《のこ》した名言《めいげん》です。この言《こと》葉《ば》には、バスケットボールの魅力《みりょく》は勝敗《しょうはい》だけではない、という意味《いみ》も含《ふく》まれています。自分《じぶん》がベストをつくしたと自覚《じかく》できることによって、満足《まんぞく》することができるはず。そのような「心《こころ》」がバスケットボールをうまくさせてくれるのです。

そしてプレーが思《おも》うようにいかないとき、チームメイトのせいにした時点《じてん》であなたの成長《せいちょう》は止《と》まります。「人《ひと》のせいにしない」ように心《こころ》がけ、自分《じぶん》を見《み》つめることによって、次《つぎ》の成功《せいこう》へとつながるのです。

さらに「努力《どりょく》は夢中《むちゅう》に勝《か》てない」というのは陸上《りくじょう》のトップアスリートが残《のこ》した言葉《ことば》で、『努力《どりょく》している』と意識《いしき》することより、『夢中《むちゅう》になっていて時間《じかん》を忘《わす》れる』ような練習《れんしゅう》がうまくなる近道《ちかみち》ということです。バスケットボールに夢中《むちゅう》になり、好《す》きになって取《と》り組《く》むことによって、最高《さいこう》の自分《じぶん》に近《ちか》づけるのです！

●監修《かんしゅう》・著《ちょ》

鈴木良和《すずきよしかず》

1979年《ねん》生《う》まれ。茨城県出身《いばらきけんしゅっしん》。千葉《ちば》大《だい》大学院《だいがくいん》に在学中《ざいがくちゅう》の2002年《ねん》に「バスケットボールの家庭教師《かていきょうし》」の活動《かつどう》を開始《かいし》。小《しょう》・中学生《ちゅうがくせい》を中心《ちゅうしん》に、高校生《こうこうせい》から園児《えんじ》まで幅広《はばひろ》くバスケットボールの普及《ふきゅう》・強化《きょうか》に努《つと》める。「なりうる最高《さいこう》の自分《じぶん》を目指《めざ》そう」を理念《りねん》にジュニア期《き》のコーチングの専門家《せんもんか》として活動《かつどう》を展開《てんかい》。そのほか、いろいろなプレーをテーマとした「トレーニングブック」シリーズ（ベースボール・マガジン社《しゃ》）などを監修《かんしゅう》している。

加賀屋圭子《かがやけいこ》

1986年《ねん》生《う》まれ。茨城県出身《いばらきけんしゅっしん》。千葉大在学時《ちばだいざいがくじ》に、鈴木良和氏《すずきよしかずし》（上《うえ》）に影響《えいきょう》を受《う》け、バスケットボールの指導《しどう》を開始《かいし》。主《おも》に小学生《しょうがくせい》をはじめとする初心者《しょしんしゃ》への指導《しどう》を専門《せんもん》とし、エルトラック（下《した》）では「普及事業部長《ふきゅうじぎょうぶちょう》」を務《つと》める。さらに指導《しどう》の対象《たいしょう》を園児《えんじ》にも広《ひろ》げ、「プレ・ゴールデンエイジ」の大切《たいせつ》さを伝《つた》えている。

●撮影協力《さつえいきょうりょく》

ふじみ野《の》ふぁいぶるミニバスケットボールクラブ

小平練習会《こだいられんしゅうかい》、トトロキッズ

株式会社《かぶしきがいしゃ》 ERUTLUC（エルトラック）

2002年《ねん》に鈴木良和《すずきよしかず》（著者《ちょしゃ》）が設立《せつりつ》。主《おも》に関東近郊《かんとうきんこう》の小学生《しょうがくせい》から高校生《こうこうせい》を対象《たいしょう》としたバスケットボール教室《きょうしつ》、出張指導《しゅっちょうしどう》、クリニック、キャンプのほか、指導者《しどうしゃ》の研究会《けんきゅうかい》などを主宰《しゅさい》している。コーチ陣《じん》の、理論的《りろんてき》かつわかりやすい指導《しどう》には定評《ていひょう》がある。

■ 株式会社《かぶしきがいしゃ》 ERUTLUC
公式《こうしき》ホームページ
http://basketballtutor.com

デザイン／有限会社ライトハウス
　　　　　黄川田洋志、井上菜奈美、今泉明香、藤本麻衣、田中ひさえ、岡村佳奈、酒井るみ
イラスト／丸口洋平
写　真／井出秀人
編　集／渡辺隆二
　　　　　黄川田洋志、松川亜樹子（ライトハウス）

クイズでスポーツがうまくなる
知ってる？ ミニバスケットボール

2016年 2月15日　第1版第1刷発行
2023年 9月25日　第1版第5刷発行

監修・著者／鈴木良和、加賀屋圭子
発　行　人／池田哲雄
発　行　所／株式会社ベースボール・マガジン社
　　　　　　〒103-8482
　　　　　　東京都中央区日本橋浜町2-61-9 TIE 浜町ビル
　　　　　　電話　　　03-5643-3930（販売部）
　　　　　　　　　　 03-5643-3885（出版部）
　　　　　　振替口座　00180-6-46620
　　　　　　https://www.bbm-japan.com/

印刷・製本／広研印刷株式会社

©Yoshikazu Suzuki,Keiko Kagaya 2016
Printed in Japan
ISBN978-4-583-10950-3　C2075

＊定価はカバーに表示してあります。
＊本書の文章、写真、図版の無断転載を禁じます。
＊本書を無断で複製する行為（コピー、スキャン、デジタルデータ化など）は、私的使用のための複製など著作権法上の限られた例外を除き、禁じられています。業務上使用する目的で上記行為を行うことは、使用範囲が内部に限られる場合であっても私的使用には該当せず、違法です。また、私的使用に該当する場合であっても、代行業者等の第三者に依頼して上記行為を行うことは違法となります。
＊落丁・乱丁が万一ございましたら、お取り替えいたします。